JN333521

J・S・ミルに聞く
「現代に天才教育は可能か」

ASKING J. S. MILL ABOUT THE POSSIBILITY OF MAKING GENIUSES IN THE MODERN AGE

大川隆法
RYUHO OKAWA

HSU

まえがき

J・S・ミルとのつき合いは、もう四十年を超えているかもしれない。神田の古本屋で、『自由論』の英語原典“On Liberty”の古本を見つけて購入して読んだが、なかなか難しくて、ミルの本心を読み解くのは簡単ではなかった。

明治時代の日本人でさえ翻訳できた本を、東大文I（法学部）合格の学力ですらすら読めないとは。やはりイギリスの本格的天才は違うのかな、と感じたものである。日本語訳や解説本を読んでいくうちに、この早熟の天才が、「結婚が早いもの勝ちであるのはおかしい。恋愛の自由を認めよ」とか、「英国教会はおかしい」とか、「二十歳ごろには勉強に疲れ、飽いて、バーンアウトし、音楽に救いを求めた」とかいう事情の背景に、テイラー夫人との禁断の恋があったことを知ると、何だかホッとした気がした。

文系は知的蓄積がものを言うので、一般に早熟の天才は出にくい。ミル自身も長寿時代へのパラダイム・シフトを述べていることを知り、人生全体での成功を考えていった方がよいだろう。

二〇一四年　九月二十八日

幸福の科学グループ創始者兼総裁
幸福の科学大学創立者　大川隆法

J・S・ミルに聞く「現代に天才教育は可能か」　目次

まえがき　1

Ｊ・Ｓ・ミルに聞く「現代に天才教育は可能か」

二〇一四年六月二十八日　収録
東京都・幸福の科学総合本部にて

1　Ｊ・Ｓ・ミルに新時代の「天才教育論」を訊く　13
三歳でギリシャ語、八歳でラテン語を学んだ天才児　13
天才教育には功罪両面がある　16
ＩＱ二百と推定されるＪ・Ｓ・ミル　19

語学は「終わりがない戦い」 21
二十歳（はたち）の頃、「早熟の天才が陥りやすい罠（わな）」にはまる 26
キリスト教道徳を批判したミルの『自由論』 30
『自由論』では、「多数の専制」に対する恐れも指摘 33
真理をつかんだ人は、一人しかいないこともありうる 36
「女性の解放論」を説くなど、時代に先駆けたところもあった 39
十九世紀の天才J・S・ミルを招霊する 43

2 現代日本で天才を育てることは可能なのか 47
天才教育が成功するための条件 47
寮生活には、プラスの面もあれば、難しい面もある 55

芸術性の高いものほど、若いうちの天才教育には効き目がある　57
小さいときに「語学」ができても、あとで抜かれることもある　60
「天才、必ずしも幸福ならず」　64
秀才校に入ったのに、なぜ伸びなくなることがあるのか　67
集団教育のなかでは、天才は育ちにくい　71
英才教育の伝統は、日本にも江戸時代からあった　73
日本が、有色人種の国のなかで際立って優秀である理由　76

3　大学教育における宗教教育について　79

道徳律のなかの高邁な部分については学ぶべき　79
宗教は、学問的な発達に蓋をしてはいけない　81

4 「イギリス社会主義の父」と呼ばれるミルの真意とは 86
少数派の人たちを救うことは間違っているわけではない 86
「富の再分配（さいぶんぱい）」といっても、昔と今とでは事情が違う 88
努力した人を、サボった人と同じに扱うことはフェアか 91
5 日本の民主主義の問題点 96
今は、出版界もマスコミも玉石混淆（ぎょくせきこんこう）の状態 96
知識が氾濫（はんらん）している今、求められる人材とは 100
多数の意見であっても、
必ずしも真理や正義とイコールではない 102
多数の専制は、走り出したら止められないところがある 105
「何をもって危害とするか」という判断は極めて難しい 107

「何が最大多数の最大幸福なのか」が分かりにくくなっている　110
エリートの基準をつくることが、今の混沌期の仕事　114

6　宗教にもイノベーションは必要　117
啓蒙主義とは、切磋琢磨しながら優れた人が出てくるシステム　117
昔の思想を現代に適用すると、人権侵害になる部分もある　119
思想の一部は、時代に合わせて改変していく努力が必要　122

7　近代以降の政治の原理についてどう考えるか　126
民主主義の長所・欠点を、専制国家と比較しながら分析する　126
意見としては正しくとも、軍事力が弱ければ敗れる　129
民主主義・専制国家を問わず、神の言葉に対して謙虚であれ　132

自由を守るべく命を懸けて戦うことは、現代にもありうる　133
8　新しい時代のリーダーを育てるのが大学の使命　136
9　J・S・ミルの霊言を終えて　141
あとがき　144

「霊言現象」とは、あの世の霊存在の言葉を語り下ろす現象のことをいう。これは高度な悟りを開いた者に特有のものであり、「霊媒現象」(トランス状態になって意識を失い、霊が一方的にしゃべる現象)とは異なる。外国人霊の霊言の場合には、霊言現象を行う者の言語中枢から、必要な言葉を選び出し、日本語で語ることも可能である。

なお、「霊言」は、あくまでも霊人の意見であり、幸福の科学グループとしての見解と矛盾する内容を含む場合がある点、付記しておきたい。

J・S・ミルに聞く「現代に天才教育は可能か」

二〇一四年六月二十八日　収録
東京都・幸福の科学総合本部にて

ジョン・スチュアート・ミル（一八〇六～一八七三）

イギリスの哲学者、経済学者。三歳から父の天才教育を受け、十四歳で大学教育に相当する学力を身につける。十七歳のとき、東インド会社に入社。勤務しながら学問を続け、『論理学体系』『経済学原理』『自由論』等を発表。ベンサムの功利（こうり）主義を発展させて、『功利主義』を著（あらわ）し、功利主義哲学を打ち立てた。一八六五年、セントアンドリューズ大学名誉学長に選出（就任は六七年）、同六五年、下院議員に当選し、社会改革にも取り組んだ。

質問者　※質問順

九鬼一（くきはじめ）（学校法人幸福の科学学園副理事長〔大学設置構想担当〕・総長就任予定）

黒川白雲（くろかわはくうん）（学校法人幸福の科学学園理事・幸福の科学大学人間幸福学部長候補）

立木秀学（ついきしゅうがく）（幸福の科学理事　兼　ＨＳ政経塾塾長）

［役職は収録時点のもの］

1　J・S・ミルに新時代の「天才教育論」を訊く

三歳でギリシャ語、八歳でラテン語を学んだ天才児

大川隆法　今日は、ジョン・スチュアート・ミルに「天才教育論」を少し訊いてみようかと思っています。

今、教育関係の事業を拡大中なので、教育に関する教えは数多くあったほうがよいでしょうし、一定の実績のある方の個性的な意見がいろいろとあれば、それもまた参考になるのではないかと思います。教育論の補強という意味で、

実績のある方を入れてみたいと考えています。

私は、ミルの著作とは付き合いが長く、ずいぶん長く影響を受けています。いわゆる天才教育を受けた方ですが、本人自身の地頭も天才的だったのだろうと思います。彼の人生は、「地頭が天才的な人が、人工的天才教育を受けたらどうなるか」という文明実験のようなものだったと言えるでしょう。

ミルの父親も学者で、ジェームズ・ミルという人です。ベンサム（●功利主義の創始者）と共に、功利主義を普及する運動をやっていたので、ときどき、ミルの

ジェームズ・ミル（1773～1836）イギリスの歴史家、経済学者、政治思想家。

ジェレミ・ベンサム（1748～1832）イギリスの哲学者、法学者、経済学者。

●功利主義　多くの人々に最大の幸福をもたらすことが社会の発展につながるとする考え方。

家庭にベンサムがやってきて、話をしていたようです。ですから、ミルはベンサムの影響もそうとう受けたようです。

ミルは、三歳にしてギリシャ語を学び、八歳でラテン語を学んでいますが、震(ふる)え上がるような話です。「グリーク・アンド・ラテン（ギリシャ語とラテン語）」というのは難しいものの代表で、英語で「グリーク・アンド・ラテン」と言えば、「チンプンカンプン」という意味にも使えるのです。

ドイツのギムナジウム（エリート養成のための中等教育機関）でも、グリーク・アンド・ラテンで苦しんだ人の話がいろいろと出てくると思います。

記憶に間違いがなければ、イギリスの大宰相(だいさいしょう)になったウィンストン・チャーチルも、学生時代、グリーク・アンド・ラテンでかなり苦しみ、落第を重ねていたようなので、イギリス人にとっても難しいのだろうと思います。

ミルは、子供時代、こうした教育を父親から受けたわけで、学校には行っていません。小学校・中学校・高校・大学という学校教育を受けていないのです。昔の貴族は、「庶民が集まってやっている学校教育よりも、よい家庭教師を雇って教えたほうが天才教育ができる」という考え方だったのだろうと思います。

確かに、父親も優秀な人だったので、「そのほうが能力に合わせて自由に教えられる」というところはあったのでしょう。ただ、それによく耐えられたものだなという気もします。

天才教育には功罪両面がある

大川隆法　わが家には子供が五人いて、少しまねをしてみたのですが、〝破壊〟

もかなりあって（笑）、なかなか同じようにはいきませんでした。「学校教育というか、公立小学校はレベルが低い。家庭教師でやったほうが勉強は進む」ということで、家庭教師を入れたのです。

ところが、立木（ついき）さん（質問者）などに算数を教えさせたら、見事に〝破壊〟されてしまいました。東京ドームでの講演がある日か何かの日に子供を泣かされてしまったのです（笑）。「こんな問題で間違うのか」などと言って怒（おこ）ったりするものだから、泣いてしまったらしく、私は、「今日は精神統一しているのだから、泣かすなよ」と言ったのを覚えています。

彼が家庭教師をしていた期間は非常に短かったと思いますが、当時は竜（たつ）の口（くち）法子（のりこ）さん（現・幸福の科学学園宗教教育担当常務理事）も国語を教えてくれたりしたと思います。

五人の子供のうち、早くから教育に力を入れた子ほど、〝破壊度〟が激しく、その後、物心ついてからの遊びが激しくなり、逆に諦めていた子ほど、あとからゆっくりジワジワと自力で勉強ができるようになったので、この世的に見ると、どちらがよいかは分からない面があります。

頭がよければ、家庭教師的な人から天才教育を受けたほうがスムーズに進むところはあるでしょうが、「同級生がいない面での孤独」や「同年代の人の動き方や考え方が分からない面での社会性の欠如」が生じてくるので、天才教育をした場合、その子が小学校や中学校で学校不適応のようなことを起こすことはよくあるのではないかと思います。

ですから、天才教育には功罪両面があって、何とも申し上げられないところはあります。

IQ二百と推定されるJ・S・ミル

大川隆法　ミルについて、「何を勉強したか」という記録が遺っています。それをもとに現代の学者が、「ミルはIQ（知能指数）が二百ぐらいあっただろう」と推定していますが、ミルの本を読む限り、私もそうであろうと思います。

このIQ値は、私が子供のときに出した、少しインチキくさいIQ値とは違って、本物っぽい値だと思います。私の場合は、田舎で測って平均を百とした場合のIQ値でしたから、実際はかなり違うかもしれません（笑）。

私は、英語を四十六年ぐらい勉強しているのに、まだマスターできない状態なので、とてもではありませんが、頭の構造が違うような気がしてなりません。

ドイツ語もなかなかマスターできません。

ミルの著書には、「フランス語の本を読めないような人は、十分に教育があるとは言えない」とはっきり書いてあるのですが、それを読んだとき、私は「怖いな」と思いました。

イギリス人であっても、今、それを読んだら、みな震え上がるでしょうし、逆に、フランス人に「英語が話せないようなフランス人は教養人ではない」と言ったら、フランス人のほとんどは話せないので、震え上がると思います。語学は、それほど難しいものなのです。

語学は「終わりがない戦い」

大川隆法　最近、渡部昇一さんが、いろいろな雑誌等に書いたものを新しく集め直したエッセイ集を出していますが、そのなかでも、「語学は、やはり難しい」と述べています。

例えば、大学時代のエピソードとして、「私の田舎の高校（山形県の鶴岡第一高校）から、東大に入った人も何人かいた。そして、東大に行った人が夏休みに帰省してきて、『今、七カ国語をやっている』と自慢していた。みんな『すごいな。さすが東大は

渡部昇一（1930〜）英語学者、評論家。

レベルが高い』と言って、私も最初はそう思ったが、よく考えたら、私は高校時代、英語がよくできて、最後の二年間、英語の試験で二番になったのは一回だけで、あとはすべて一番だった。二番になったときに一番を取ったのは、一橋大に行った人だったから、『私の英語の学力に勝てないような人が、本当に七カ国語をやってできるのだろうか。これはおかしいぞ』と思った」ということを書いています。

このguess（推測）はかなり当たっているでしょう。私も、そんなに頭のよい人は見たことがないので、おそらくそうだと思います。もちろん、どのレベルまでやったかという問題はあります。その人は、浅いところまでしかやっていなかった可能性もありますが、渡部先生は、「深いところまでやっている」という話として捉えたのでしょう。

上智大学は、英語を中心にしていて、渡部先生も、学生時代、ドイツ語は週二時間程度しかやっていなかったようです。そのように、「第一外国語もマスターできないような人間が、第二外国語をやっても無駄だ。徹底的に英語をやる」という方針でやったところ、「上智大学の卒業生は英語の学力が高くて使える」ということで、就職がよくなっていきました。これが、上智大学の偏差値が上がっていった理由でもあるようです。

渡部先生は、「語学を専門にして、ドイツ語を週二時間やる以外は、ほとんど英語を勉強していた自分でも、けっこう骨が折れたので、東大に入ったからといって、一年生の一学期で七カ国語を全部やれるなどとは考えられない」ということを書いているのですが、ある意味では、そのとおりです。見破っていると思います。

私も四十六年ぐらい英語を勉強していますが、まだマスターできないので、いまだに、ときどきショックを受けることがあります。かなりできたかなと思ったら、急に、「できない」という感じでカクッと落ちることがあるのです。こんなものなのでしょうか。上下するのです。

例えば、私は、英検一級レベルの単語集もたくさん出していますが、見ると、覚えていないものがけっこうあります。「あれ？　私がつくった本に、これが入っていたかな。自分でつくったのに忘れたのだろうか。それとも、新しい単語なのかな。一級レベルは、こんなに難しかったのだろうか」と思ったりして、少し怯むようなこともあります。

映画もかなり分かるかと思えば、秘書がご丁寧にも、「ダイ・ハード」シリーズの五巻セットを買ってきてくれたので、観たら、相手と銃を撃ち合いながら話す英語なので、かなり難しいというか、聞き取れません。まともな英語ではないと言えば、まともな英語ではないでしょう。人殺しをするときの英語というのは、そんなに簡単な英語ではないのです。日本で言うと、ヤクザ映画のようなものでしょうか。外国人にとってヤクザ映画を聞き取るのは大変なことでしょうが、それと同様に、それほど簡単には聞き取れないのです。

私は、英語の映画を観ながら、本を読むことにしているのですが、本を読みながらだと、なかなか聞き取れないので、「学力がかなり落ちたかな」と思って、冷や汗がタラッと出たわけです。そうかと思えば、別の「英検一級レベルの英語教材」のＣＤをお風呂で聞いてみたら、易しい単語ばかり出てくるので、英語がやたらと遅く感じ、「おかしいな。これはどういうことなのかな」と思いました。

このように、自分ではなかなか測定できないようなことがあります。語学は、測定が難しい面があって、終わりがない戦いなのかもしれません。あとは、忘れるということもありますのでね。

二十歳(はたち)の頃、「早熟の天才が陥りやすい罠(わな)」にはまる

大川隆法　ミルは、今で言えば、日本の中学生に当たる十二歳前後で、経済学の本などを読み込み、十七歳までに、ギリシャ文学、哲学、化学、植物学、心理学、法学等も勉強したということになっています。

ところが、二十歳(はたち)頃、「燃え尽き症候群(バーンアウト・シンドローム)」と言われるような状態になってしまいます。私の感触としては、おそらく頭が疲

れたのだろうと思います。いわゆる鬱の状態というか、何にもやる気が起きない状態になって、しばらく放心状態のようになってしまったのです。二十歳までで勉強が終わってしまったわけですね。

彼の自伝を読むと、「音楽に救われた」ということが書かれていて、どうも、音楽を聴いて過ごしていたようです。別説では、テイラー夫人（ハリエット・テイラー）という人妻に恋をして、その人にかなり慰めてもらって、それで立ち直ったという話もあります。

ミルには、二十歳から二十一歳ぐらいのときに、精神的な危機が訪れています。これは早熟の天才が陥りやすい罠です。

私も何度か述べているように、人文系、文

ハリエット・テイラー・ミル（1807～1858）

科系の天才では、早熟の人というのは当てにならないところがあって、ある程度、教養のストックや知識のストックがないと、花開かない面があります。文系の天才というのは、早くて三十代後半から四十代ぐらいで「天才かな」というのが見えてくるのであって、早いうちは、秀才は出ても、天才は出てこないのです。

理系は、十代後半から二十代ぐらいで天才が出てきます。また、経済学は、一部、数学を使うので、二十代でも天才が出てくることはあります。シュンペーターがそうですが、二十五歳のときに書いた浩瀚(こうかん)な経済学の本（『理論経済学の本質と主要内容』）が主著の一つになっています。

そういうことで、経済学は二十代ぐらいでもかなりできるだろうと思いますが、一般的な人文系は、かなりの勉強をしなければ無理なのです。二十年やそのくらい勉強をしないと、ストックが溜まらないので、なかなかいかないということは知っておいたほうがよいでしょう。

ミルは、学校に行かずに、比較的早くに勉強が終わってしまったのですが、のちに、皮肉なことに、『大学教育について』という本も出しています。

スコットランドの大学で学生に投票させて選ばせたところ、ジョン・スチュアート・ミルが第一位になり、名誉学長就任を依頼されるのです。

しかし、ちょうど下院議員に当選したときだったので、「仕事があるから、ちょっと待ってほしい」ということで、一年ぐらい就任を延ばしてから引き受けたのです。

それから、就任演説はかなり準備したようです。それが「大学教育について」という講演で、本にもなっているわけですが、「学校教育を一切受けていない天才が、大学教育について、名誉学長として講演する」という、変な話ではあります。大学に行っていない人が、大学のあり方や教育について話をしているということで、不思議な感じは受けます。

キリスト教道徳を批判したミルの『自由論』

大川隆法　ミルの著作は百五十年ほど前の本ですが、今、読んでも、全体的にそうとうシャープな内容に彩られたものが多いのではないかと考えます。

ちなみに、『自由論』も、私はかなり読み込んだほうですが、若い頃に読んだときは、

『On Liberty』（自由論）
1859年イギリスにて発刊。
Bauman Rare Books（http://www.baumanrarebooks.com/rare-books/john-stuart-mill/on-liberty/90210.aspx）より

やはり分からないところがありました。ただ、ある程度年を取ると、分かってくるところもあります。

以前に述べたこともありますが、ミルは、十歳ぐらい年上の男性の人妻であったテイラー夫人と恋に落ちています。「結婚したかったけど、夫がいるので、夫が亡くなるまで待ってから結婚した」という、〝執念深い人〟ではありますが、幸福な結婚で、その後は幸せであったようです。知性的で包容力がある女性だったらしいので、幼少時に、孤独のなかで天才性を磨いた人にとっては、そういう母性的な愛が必要だったのかもしれません。

そして、ミルが『自由論』を書いた裏の動機は、「不倫の自由を認めよ」ということではないかとも言われています。これは若い人には分からないことでしょう。「『人妻だから、こうしてはいけない』というのはおかしいではないか」ということを、本当は言いたかったのではないかということです。本文中には、そういうことは一切書かれていませんが、キリスト教道徳を攻撃している部分がたくさん出てくるので、「深読みすると、実はそういうことではないか」ということです。

要するに、彼は、「キリスト教会で教えている道徳はレベルが低い。キリスト教以前の道徳や宗教のなかに、もっと高尚な思想が見いだされる」ということを書いているのです。

「『キリスト教会で教わることをまじめに実践したら、天国に行けて、永遠に幸福になるが、教会の言うことに従わずに生きたら、地獄に堕ちて、永遠に苦しみ、罰される』ということを言うけれども、少し幼稚すぎるのではないか。こういう善悪二元で、『即幸福になるか、不幸になるか』という脅しを使って、教会の説法を聞かせようとしたり、金を集めようとしたりするやり方は、少し幼稚でないか」というような議論を何度か展開しています。

ミルの父親の思想のなかに、キリスト教を中心とする宗教思想に対して、やや批判的で懐疑論的な意見があったので、ミルにも、そういうところが入っているのかと思います。

『自由論』では、「多数の専制」に対する恐れも指摘

大川隆法　それから、ミルには、現代的に見たら、やや不思議な面があります。自由論を説いている人なので、当然ながら、言論・出版の自由を擁護したと思うでしょうが、実は、『自由論』のなかには「言論・出版の自由を法制度によ

って守ることはバカバカしい」というように書いているのです。

本当は、逆のことを書いています。はっきりとは言ってないのですが、要するに、「言論・出版の自由があると言っても、出せばよいというものではない」ということです。「たくさん、いろいろなものを自由に出せば、それで世の中がよくなるとか、正しい言論が認められるとか、そういうことはない」ということを言っているのです。

それは何かというと、彼は、別の言葉で「多数の専制」という言葉も使っています。一応、民主主義政治を支持・擁護したことになっていますが、「多数の専制に対する恐れ」というか、「堕落の危険」には非常にセンシティブ（敏感）であったように思います。

不思議なことですが、ミルの友人で、アメリカの民主政を説いたアレクシ・

●多数の専制　民主主義において、多数者が少数者を抑圧する現象。

ド・トクヴィルも、民主主義を擁護しつつも、ミルと同じように、多数の専制に対しては非常に恐れていました。

「民主主義を擁護している人が、多数の専制を恐れる」というのは、どういうことでしょうか。

要するに、多数であれば、例えば、どんな法律でも通せます。選挙にも通れば、法律も通せるのです。今の日本の国会においても、多数であれば法律を通せます。

ですから、「『多数が決めたことだから』ということでやられると、多数の専制というものが起きる。実際上は、優れた少数の人の意見や言論を弾圧する結果を招

アレクシ・ド・トクヴィル（1805～1859）フランスの政治思想家。

くことがある」という意味で、本当は、自由論に反する面もあるのだということです。多数による意見で法律を制定して、一見、権利を擁護しているように見えても、それが、実は「自由の抑圧」になる面もあるわけです。

真理をつかんだ人は、一人しかいないこともありうる

大川隆法　ミルの「多数の専制」批判は、逆に言うと、ある意味でのエリート主義です。自由論を説いたミルですが、このエリート主義が、ある意味で、社会主義的なものの発想にもつながっていると言われています。そこで、「イギリス社会主義の父」とも言われているのです。

社会主義というのは、「労働者一般は平等だが、労働者を束(たば)ねるために一部

の党エリートがどうしても必要である」ということで、ある意味では、「一部のエリートが支配階級にいて、あとはみな平等だ」という、〝女王アリと軍隊アリの世界〟であるわけです。

そういう意味で、エリート主義は社会主義になりやすく、官僚主導型の政治にも、「一部のエリートが国を支配して動かしているのだから、民（たみ）は黙っていろ」というような傾向が一応あるわけです。

このあたりは、幸福の科学大学の開学準備を担当している職員は十分に経験していることかと思います。役人から、「エリートの意見に従え。君たち庶民は黙っていなさい」というように言われ、かなりカッときているのではないでしょうか。

そういうところがエリート主義のなかにはあります。社会主義的なものは必ず官僚制を敷きますが、エリート主義には、その官僚制や社会主義につながっていくところがあるのです。

けれども、ミルが実体験したような真のエリートというか、真の天才はいつも一握りです。ソクラテスが裁判で死刑になったように、「真の天才や真理をつかんだ人は一人かもしれない」ということもありうるのです。

したがって、「多数の専制には用心しないと危険だ」ということも、『自由論』には入っています。

『自由論』は、「『みんなが勝手に自由にやって、多数の意見が制したらよい』というだけではない部分もある。●最大多数の最大幸福と言いつつも、そういう面も

ソクラテス（紀元前470頃〜同399）古代ギリシャの哲学者。

●**最大多数の最大幸福**　ベンサムによるイギリス功利主義の理念。幸福とは個人的快楽であり、社会は個人の総称であるから、最大多数の個人がもちうる最大の快楽こそ、人間が目指すべき善であるとする。

ある」ということを指摘しているのです。そのことは知っておいたほうがよいでしょう。このあたりは、あまり理解されていないところではないかと思います。

「女性の解放論」を説くなど、時代に先駆けたところもあった

大川隆法　大学の名誉学長になるとき、ミル自身は大学を出ていないわけですが、ミルが書いた経済学の教科書が大学で使われて、教えられていたので、「そういう教科書を書いた人だから、学歴はないけれども、大学の名誉学長になるのは別に問題がない」ということで、反対する人はいなかったようです。

また、ミルは国会議員にもなっています。そういうことで、既成のルートを超

越した人であったかと思います。

また、テイラー夫人への尊敬があったこともあって、「女性の解放論」を十九世紀に説いています。そういう意味で、時代にやや先駆けたところはあったかもしれないと考えます。

思想的には「功利主義」に近いところです。功利主義は、いまだにハーバード白熱教室などに出てきます。マイケル・サンデル氏は、功利主義等の視点から、他の人たちと議論をやっているわけです。

九鬼（くき）さん（質問者）の『幸福の科学大学の目指すもの』（幸福の科学出版刊）という本にも書いてあったので、ついでながら言うと、サンデル氏の白熱教室は人気があるた

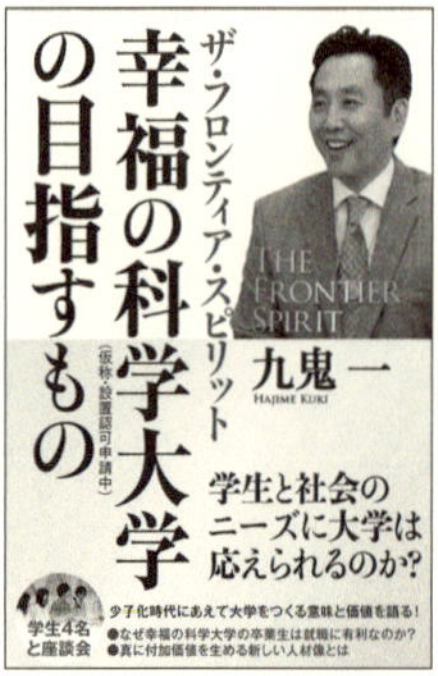

九鬼一著『幸福の科学大学の目指すもの』（幸福の科学出版刊）

め、日本のマスコミには、サンデル氏をソクラテス的な人間と捉える向きもありますが、実は「ソクラテス的ではなく、その正反対だ」という意見もあります。

九鬼さんも言っているように、議論をいろいろと言わせているだけで、結論がほとんどないのです。結論がなく、「こんな意見も、こんな意見もありました。たくさん出ましたね」という感じで終わるわけです。

ソクラテスはそういう人ではありませんでした。「非常なへそ曲がり」とまで言ってもよいぐらいの、筋金入りの自分の考えを持っていて、世論や常識と反していようとおかまいなく、それを通すような人だったのです。ある意味では、結論がある人であって、他人の結論を引き剝がしていくのです。ですから、自分の結論はある程度はっきりしていた人ではないかと思います。

このあたりは、『ソクラテスの幸福論』（幸福の科学出版刊）のなかに、かなり詳しく出ています。私の解説や、ソクラテスの霊言を読めば、「こういうタイプの人だったんだな」ということがよく分かるでしょう。ちょっとへそが曲がった人なのです。

以前、ハンナ・アーレントの霊を呼び、質問者と議論したとき、やや反対側の意見から攻めてくるようなロジックでディベートをしていましたが、ソクラテスにも少し似たようなロジックでディベートしてくるところはありました（『ハンナ・アーレント　スピリチュアル講義「幸福の革命」について』（幸福の科学出版刊）参照）。

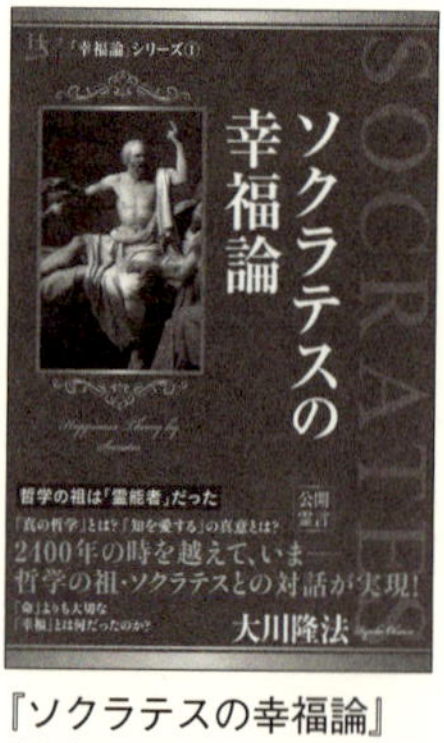

『ソクラテスの幸福論』（幸福の科学出版刊）

『ハンナ・アーレント スピリチュアル講義「幸福の革命」について』（幸福の科学出版刊）

そういう意味で、へそは曲がりながらも、真理を追究するという人だったようです。

十九世紀の天才J・S・ミルを招霊する

大川隆法　ミルの思想はなかなか深遠(しんえん)なので、言っていることが簡単に分かり切らないところはあるのですが、百五十年経っても、なかなか旧(ふる)くならないところもあります。今回は、そういう思想を説いたミルに今の教育について語っていただきたいと思います。

当会は、「エンゼルプランV」●で幼児教育をやっていますし、小中高生向けに仏法真理塾「サクセスNo.1」もやっています。さらに、幸福の科学学園中学

●エンゼルプランV　未就学児童を対象とした信仰教育機関。

校・高等学校を二校（那須本校・関西校）開校していますし、来年（二〇一五年）には幸福の科学大学も開学予定です。天才教育になっているかどうかは分かりませんが、一応、英才教育を目指してやっているので、いろいろな角度から教育論を引き出してもらえれば幸いかと思います。

私のほうの前置きは、以上とします。ミルと意見が違うところもあるかもしれないので、先に私の意見を言っておきました。

（質問者に）気をつけてくださいね。この前のハンナ・アーレントのようなことや、ジェームズ・アレンのようなこともあるかもしれません（二〇一四年三月二十五日、「『幸福と成功について』―ジェームズ・アレンの霊言―」を収録）。霊人によっては、けっこう厳しく〝撃ち落として〟くることがあるのです。

ミルに天才論を訊いて、「君には資格がない」などとズバッとやられたら、のびてしまうことがあるかもしれないので、そのあたりは、一応、用心したほうがよいでしょう。それを事前に申し上げておきます。

そうならないかもしれませんが、もし、ミルから「君は天才ではない」などとズバッと言われたら、もう言葉が出なくなるかもしれないので、念のために、それだけは言っておきます。まあ、〝破壊〟されないように気をつけてください。

それでは、いきます。

（合掌し、瞑目する）

『ジョン・スチュアート・ミル自伝』や『自由論』等で有名なイギリスの哲学者・経済学者であられた、十九世紀の天才、ジョン・スチュアート・ミルを幸福の科学総合本部にお呼びし、教育論をお聴き申し上げたいと思います。

ジョン・スチュアート・ミルの霊よ。ジョン・スチュアート・ミルの霊よ。どうか幸福の科学総合本部にご降臨くださって、われらの教育事業、教育方針、哲学等についてアドバイスを下さいますよう、心の底よりお願い申し上げます。

ジョン・スチュアート・ミルの霊よ。ジョン・スチュアート・ミルの霊よ。どうか幸福の科学総合本部に降りたまいて、われらに、教育に関連するアドバイスを下さいますよう、心の底よりお願い申し上げます。

（約十秒間の沈黙）

2　現代日本で天才を育てることは可能なのか

天才教育が成功するための条件

J・S・ミル　（手を一回叩く）うーん、うん（咳払いをする）。

九鬼　おはようございます。

J・S・ミル　うーん。おはよう。

九鬼　ジョン・スチュアート・ミル先生でございますでしょうか。

J・S・ミル　うん。英語のほうがいいかい？

九鬼　いえ。

J・S・ミル　うん？　日本語でいいか？

九鬼　日本語のほうがありがたく思います。

J・S・ミル　うん。そうか。

九鬼　はい。私（わたくし）ども幸福の科学では、教育事業を手掛（てが）けておりまして、幼児教育から大学教育まで、一貫性のある教育を目指しております。

今日は、教育論を中心として、ミル先生のご薫陶（くんとう）を頂ければ、本当にありがたいと思っております。私は、幸福の科学大学の九鬼と申します。よろしくお願いいたします。

J・S・ミル　うん、うん、うん。まあ、頑張っていらっしゃるようですなあ。

九鬼　ありがとうございます。

まず、最初の質問をさせていただきます。ミル先生は、自伝等で、天才教育について述べられていると思いますが、私どもも、「徳ある英才をつくろう」という思いで、教育事業をさせていただいております。

J・S・ミル　うん、うん。

九鬼　ミル先生は幼い頃から、ギリシャ語、ラテン語を勉強し、教養を深められ、思想家としても、大成されたわけですが、まず、家庭での天才教育のあり方、そしてまた、学校での天才教育のあり方について、お話を賜れればと思います。

J・S・ミル　まあ、歴史を見る限りは、学校教育が発達して、多くの知識人を生み出すことができたのであるから、一般的には、「学校教育の発達自体は成功している」と見るべきなんじゃないかねえ。

私のようなケースは稀(まれ)であるし、「父がたまたま学識のある方で、自由業であったので、手ほどきをした」というところがあるので、（一般に）学問の世界でこういうことをやるということは、そんなに簡単ではないかもしれませんね。

モーツァルトのところでも、音楽教育等で天才教育をしていると思うけども、（彼の）お父さんもピアノを教える教師

ヴォルフガング・アマデウス・モーツァルト（1756〜1791）オーストリアの作曲家、演奏家。

ぐらいの方で、モーツァルトの天才性を見抜いて早めに教えたことが、彼の「早熟の天才性」を導き出したと思われます。

そういう意味では、やはり、芸術性のあるものは早くやらないといけない。違うものがいっぱい入ってくると、なかなかできなくなってくるところはあるので、時期を逃してはならないものもあるとは思う。

ただ、私のような学問的なものに関しては、先ほど総裁も言っていたように、必ずしも早熟であることがすべてではない面はあるかな。一定の年を取らないと分からないことはあるしね。

私は、哲学等もわりに早く勉強したけれども、哲学は、ある程度年を取らないと、やっぱり分からない面はある。人生経験を経ないと、言っていることが分からないこともあるので、字が読めて、内容が理解できるからといって、

「分かった」とは言えないところはあるね。ある程度の人生経験がないと、分からないところはあるし、悲劇等も、実体験でいろんなものを見てこないと、分からないところはあるだろう。

そういう意味で、「学問としてだけ、到達できるかどうか」というのは、まあ、その種類による面はあるかもしれませんねえ。

もちろん、スポーツ選手でも、オリンピック選手になるような方の場合、お父さんもオリンピック選手だったり、それに準ずるようなスポーツ競技等でメダルなんかを取ったような方だったりして、比較的小さいうちから訓練して、オリンピックに出られるレベルまでいくということは多い。

ですから、天才教育自体は、やっぱり、ある程度のエリート教育としてなされなければ、世界的なレベルでの競争には勝てないところがある。

けれども、一般的には、条件が合致することは難しい。

「たまたま優れた指導者に巡り会って、また、教わる側も、天才教育を受け入れられるだけの魂というか、器である」という、この両者が合致したときには成功するが、教える側がそれほどでもない場合、あるいは、教わる側にそれだけの十分な器がなかった場合には、人格破壊や非行、その他の挫折感や劣等感のほうにつながっていったりして、職業形成にマイナスになる面も出てくる。だから、功罪両面ありますね。

私のような人文系、まあ、哲学や経済のほうで学者になった人間で、早いうちからの英才教育が成功したというのは、極めて稀な例かなと思います。

九鬼　ありがとうございます。

寮生活には、プラスの面もあれば、難しい面もある

九鬼　私ども幸福の科学学園中学校・高等学校では、寮生活を中心にさせていただいております。イギリスでも、全寮制がエリート教育の一環として行われていますし、大学にも、けっこう寮は多いようです。

家庭教育も大切かと思いますが、寮生活での教育について、何かお考えはございますでしょうか。

J・S・ミル　うーん……、それは、難しいところがあるね。

非常に優秀な人が集まって、啓発し合って、刺激し合って、自動的にサボれ

ない状態に置かれて、結果的に全体的なレベルが高くなるという面もある。しかし、孤独のうちに思想を紡ぐような人にとっては、寮生活はなかなか厳しい面も、確かにあるかもしれませんね。

まあ、日本的なところ、つまり、組織のなかで、チームで成果をあげていくようなカルチャーが重視されるところであれば、寮生活を、ある程度、乗り切れて成功し、頭のよし悪しとはまた別次元での能力として、「上下や横の人間関係等をつくりながら、自分の自己実現をなしていく」という技を磨くことは、卒業生にとってプラスになるでしょう。

ただ、学力等にバラツキがありすぎる場合は、勉強のできすぎる人とできない人とが一緒にいると、お互いに苦しいようなこともあろうし、人間関係がタイトなために、好き嫌い等が出てきて不適合を起こす人も出るかもしれないので、そのへんに、十分に救済措置が取れるかどうか。まあ、一部、そういう問題はあるかもしれませんね。

九鬼　はい。分かりました。

芸術性の高いものほど、若いうちの天才教育には効き目がある

九鬼　教える側が、学生の天才性を発見する方法についてお伺いします。「早熟で、単に人より少し早くできるだけなのか。それとも、本当に持っている天才性が現れてきているのか」という見極めは、非常に難しいところかと思います。実際、最初、よい点数を取ったからといって、そのままずっといく

とは限りません。

J・S・ミル　それは、そのとおり。

九鬼　そのあたりについて、見極め方がございましたら、お教えいただけたらと思います。

J・S・ミル　それは難しいねえ。学問の種類と職業によるところが、かなり多いのでね。

先ほどのモーツァルトの例で言えば、小さいうちからピアノを教わって、まだ子供なのに王室で弾いてみせたりした。ちょっと曲芸風のところもあったかもしれないけど、そのあと、大人になってからは、かなり生活が乱れていましたね。酒浸り（さけびた）りになり、女性との放蕩（ほうとう）も始まり、社会人としてはかなり常識的ではない破滅型の人生になっていますから、やっぱり、天才教育で無理した面が多少出たのかもしれません。

でも、確か、三十五ぐらいで亡くなっていると思いますが、ああいう感性が影響する職業の場合は、比較的若いうちでないと、（天才教育が）活（い）きてこない面もあるのでね。

まあ、「もし、モーツァルトが七十歳まで生きたとして、三十五から七十までの間に、さらに素晴らしい音楽を積み上げていけたかどうか」と言えば、それは、一定の疑問がないわけではない。やっぱり感性的なものは落ちるであろう。

詩人みたいな職業でも、三十歳ぐらいまでがピークで、三十を過ぎた場合は、やっぱりちょっと感性は落ちてきて、職業としては、もうちょっと難解なものを書き始めますね。哲学や、もうちょっと内容のあるものを書くようになってきて、インスピレーション的なものは減ってくるところがある。

だから、芸術性の高いものほど、(天才教育は)若いうちに効き目があって、早く効果が出るところはある。

小さいときに「語学」ができても、あとで抜かれることもある

J・S・ミル　けれども、そうでない学問もある。

確かに、今、「語学」の面を取っても、小さい子でも、できる子はいます。

例えば、帰国子女なんかだったら、小さくても英語ができる人もいます。しかし、帰国子女の多くも、日本の学校に入ったら、中学まではよくできるでしょうが、その後は、一年ぐらいで中学から英語の勉強を始めた方に追いつかれるということがあります。ほとんどのケースは、そうですね。

発音とかはいいですけども、勉強的には、一年ぐらいで追いつかれてしまうことがあって、優れていたものが、あとから追いつかれるというか、追い上げられてくることの圧迫感で、自分が伸びない苦しみとかがある。

得意としていたものが平凡化・陳腐化していくことから逃れられなくて、みんなに追いつかれたり、追い抜かれたりしていく。

「じゃあ、別のジャンルを開いて、天才性を出せるか」といったら、それでいくと今度は、ハンディがあるわけですね。英語ができたから帰国子女として重宝されたとしても、英語のところで追いついてこられたら、ほかの学問は日本語でやっている以上、やっぱり、日本語でやってきた人のほうがよくできるようになってくるから、「トータルの成績になると、日本生まれ、日本育ちの人のほうが、成績が上になってくる」ということが出てくる。

まあ、英語が優勢なときは有利ですけれども、だんだんに逆転されていくことはありますね。たいていの場合は、会話レベルに毛が生えたぐらいで止まっていますので、深いところまではいかないのです。

たとえ、小学生ぐらいで、英語の検定とかでいい成績を出したとしても、「大人になってどうであるか」というのは、保証の限りではないですね。大人になるには、大人になる条件が必要です。いろんな学問知識が背景に要るし、職業知識も要ります。だから、「そのなかで、英語が使えるようになるかどうか」ということとは、やっぱり、違う面はあるのです。

（範囲を）狭くして純粋教育をやれば、早く結果は出ます。まあ、早熟というか、早生(わせ)って言うんですか？（早生の）野菜のように早く育つのです。昼も夜も日照(にっしょう)を続けてやれば、野菜は早く育ちますよね。昼だけ日照を受けるよりも、早く育ちます。

ただ、その場合、結果的に、そのあとの人生で、人工的な〝つっかえ棒〟、ないし人為的努力をしないと、脱落感とか虚無感に襲われて、大成しない傾向が出ることはあるので、そのへんは気をつけないといけないですね。

「天才、必ずしも幸福ならず」

黒川　私も、小学生時代、帰国子女として日本に戻ってきたとき、やはり、日本の歴史や地理といった社会、あるいは算数が劣っていまして、「この子は落ちこぼれだな」という感じになっていました（笑）。

Ｊ・Ｓ・ミル　（笑）

黒川　そして、出来・不出来に特定の偏り（かたよ）があると、日本の学校の場合、なかなか受け入れてくれません。

アメリカでは、ＡＤＨＤ（注意欠陥・多動性障害）や高機能発達障害であっても、「ギフテッド（神から優れた資質を与えられた人）」というかたちで認められることがありますが、日本の場合、「平均に及んでいないと駄目だ」と捉えられがちなのです。

このように、集団教育においては天才児を見逃してしまうところがあると思いますが、集団教育のなかで、どのように天才児を伸ばしていけばよいでしょうか。

Ｊ・Ｓ・ミル　まあ、難しいねえ。

欧米なら、飛び級もあって、十一歳で大学生とか、十三歳で大学生とかいうのもあります。日本も昔は、ちょっとは飛び級があったと思うんですね。二年ぐらいの飛び級はできたんですかねえ。今も、一部のところではあるようですが、だんだんなくなってきました。

例えば、十一歳の大学生が登場したとしても、ほかの人は十八歳から二十代の方ですので、友達付き合いができませんよね。「お母さんがついてきて、一緒に授業を受けている」という状況では、幼稚園みたいですから、アメリカ等では認めるけれども、やっぱり、率直に言って、正当な育ち方ではない面がありますす。試験の答案を書けたとしても、やや違う面があることはあるでしょうね。

そういう意味で、「天才、必ずしも幸福ならず」というところはあるのかもしれません。

ただ、例えば、数学とか、物理とか、さっき言った音楽とか、そうした一部の科目について天才性がある人の場合、ほかの負荷を減らすということは、幾(いく)つかの国では考えられていることだし、ロシアなんかもやっていると思います。音楽やバレエやスポーツ等で天才的な子の場合は、ほかの負担を減らすということをやっていると思います。

けれども、「人間としての成熟とは何か」ということを考えると、やはり、うーん……。まあ、トータルで見ると、なかなか厳しい面はあるかな。

秀才校に入ったのに、なぜ伸びなくなることがあるのか

J・S・ミル　集団教育の場合、確かに、そうした英才が潰(つぶ)れてしまうこともあることはあります。同級生に比べてできすぎると、いじめを受けたり、ある

いは、授業が退屈で退屈で面白くなくて、授業中に遊んでしまったり寝てしまったり、なかには、ノートに先生の冗談しか書いていないような人もいたと聞いてます（笑）。そういう方が出てきたりして、不幸なこともあるのかもしれません。

まあ、どうなんでしょうかね。そのへんは、人間として、生きていく知恵の部分かと思うんですが。

ただ、私が見る限り、日本では、学校教育だけでも競争がけっこう厳しいですが、さらに塾教育が載って、過大な負荷をかけられて競争しているけれども、早いうちに載せた分、反動は来ているような感じがします。

「小学生のとき、塾教育でそうとう載せても、中高一貫校のいいところに入れば休めるんだ」みたいなことを言っているけども、実際は、どの学校であっても、入ったときのアチーブメント（達成度）から見れば、卒業のときのアチーブメントは落ちているんじゃないかと思える面があるので、やっぱり反動が来て、遊びに走ったりとか、勉強嫌いになったりとかいう面は出てくると思います。

小さい頃は、だいたい親がかりでやります。私もそうでしたけども、親が一緒についてやらないとできないので、親と二人三脚でやっているはずです。ところが、親の言うことをきかないというか、反発する反抗期が来たときには、もう、親と一緒にはできなくなるので、今度は、「自分一人になったときにできるかどうか」という別の問題が出てきますよね。

つまり、「親がついていて、それを素直に聞いていたためによくできた子が、親が離れたときにできるかどうか」という問題があるのです。

英才校というか、秀才校に入ったけど、その後は落ちこぼれたり、伸びなかったりした場合の理由は、たぶん、このへんにあるでしょうね。

小学生のとき、親がかりでなく、親が仕事で忙しかったりして自分だけで勉強をやっていたような子は、学校ではそんなにずっと上の成績が出なかったかもしれない。けれども、自力で勉強していた子は、中学や高校になってきて、だんだんに勉強ができるようになって、あとから上がってくる。

それで、「小学校のとき、できなかったやつが、こんなにできるようになってきた」ということに対して、かつて天才児だった子は、「世の中は不公平だ」と思って、グレるとか、非行に走るとかいうことだってありますね。

集団教育のなかでは、天才は育ちにくい

J・S・ミル　だから、日本的教育がいいのかどうかは微妙です。

本当は、天才として、先にコマを進めてもいいところを、進めさせないようにするために、ハードルを高くして、負荷の部分を増やして、そこで時間を浪費させるようなかたちにして、能力を一部、消費させてしまっている面はあるのかなと。

「それだけタフな訓練というか、勉強をさせて、それでもまだ生き延びた、頭も体も強い人間だけが、最後まで残る」みたいな教育をやっているようにも見えますね。

だから、天才は、ちょっと育ちにくいかな。超一流進学校といえども、天才とまで言える人は、やっぱり、そんなにはいないんじゃないか。秀才まではできるけども、天才は、やっぱり、集団教育のなかでは育ちにくい面はあるのかな。

でも、八十何歳まである人生ということで考えれば、「そうした天才すぎる人は幸福な人生を送れるか」ということについては一定の疑問があるわけで、残りの人生も、少しずつ積み重ねながら上がっていくほうが、やっぱり幸福なところもある。

まあ、集団教育も、功を奏するところもあるし、それで燃え尽きないようにする努力も必要なのかなということですね。

学校教育の場合、成績がよかったからといって、必ずしもその後、社会人になってからの成功が約束されるわけではないので、そのへんは、よく理解しておいたほうがいいんじゃないかな。

要するに、「親の満足に終わっている面はある」というところですね。

英才教育の伝統は、日本にも江戸時代からあった

九鬼　語学教育について少し、お伺（うかが）いしたいと思います。

ミル先生は、幼少期にグリーク・アンド・ラテンを修められました。

今、日本の教育界では、「英語教育の大切さ」ということがずいぶん言われておりまして、「小学校でも英語教育を始めたほうがよい」という流れになりつつありますが、一方では、「中高大と十年も英語を勉強するのに、実用性が

ない」とも言われております。

語学教育のところは、「教養主義」と「実用主義」の問題もはらんでいるかと思いますが、これについて、お話を頂ければありがたいと思います。

J・S・ミル　まあ、厳しいあたりではありますね。日本も小学校で英語をやっていますか？　その方向に行っているんですね。もちろん、幼児教育でやっているところもありましょう。

ただ、私はそういう教育を受けましたが、別に「特別だ」と考える必要はないのかもしれません。

日本で言うならば、江戸時代や明治時代もそうかもしれません。漢学ですね。要するに、中国の文です。歴史書とか、漢詩とか、そういう漢学の勉強

●**教養主義**　主に読書を通じて得た知識で、人格を陶冶したり、社会を善くしようとする人生観。

●**実用主義**　19世紀後半以降、アメリカを中心に展開された反形而上学的な哲学思想。プラグマティズム。思考の意味や真偽を、行動や生起した事象の成果により決定する考え方。

を、幼少時からやるという伝統はあったはずです。

しかし、内容から見れば、そんな幼い子に分かるはずがないことですね。孔子の『論語』や、『大学』みたいなことが、六歳児に分かるはずがないですよ。

九鬼　そうですね。素読などをしていましたが、よくは分からないと思います。

J・S・ミル　うん。分からないけど、匂いを感じ取るみたいな……。香りですか？　学問の香りを感じ取るみたいなこととか、修行の態度、学業の態度を身につけるとか、そういうところで効果はある。

あるいは、暗記していた文句が、大人になったときに、繰り返し反芻されて、人生の指針になるということが、たぶん出てくるんでしょうね。

そういう意味で、昔の日本人にとっての漢学は、グリーク・アンド・ラテンに当たるかもしれない。そういう意味では、日本人も、やってはいたということであるから、別に（幼少時からの外国語学習は）おかしくはない。

明治維新期には、蘭学なんかが流行った。あれは、オランダの学問ですか？　それが流行ったときもありますから、日本にも、そういう英才教育の伝統はあったのではないでしょうかねえ。

日本が、有色人種の国のなかで際立って優秀である理由

J・S・ミル　結果は、アジア諸国やアフリカ諸国、いろんなところと比べてみても、日本だけ、有色人種の国のなかで際立って優秀であるのは、やっぱり、

否(いな)めないところはありますね。

第二次大戦であれだけ悲惨(ひさん)な目に遭(あ)ったのに、荒廃(こうはい)した国土から、あっという間に、十年、二十年で、欧米諸国……、まあ、米(べい)は抜けていないかもしれませんが、ヨーロッパの各国を全部抜いてしまったわけですから。

それは、単に戦後の人の努力だけではないでしょう。おそらく、昔の寺子屋教育から、同じように祖父から漢学を教わるような教育ですね、そういう英才教育の伝統はあったので、そういうものが、文化的な基盤としては

江戸時代の寺子屋の様子。

流れていたんじゃないかと思われる。

日本の優れたところは、江戸時代、庶民の子でも、寺子屋教育みたいなもので、まあ、お寺でお坊さんが教えるんでしょうけど、読み書き、そろばん的なことを教わることができたところがあって、ある意味では身分制を超えた部分はあったかなと思う。このへんの優れた面が、明治以降の発展にもつながっていったんじゃないかと思う。

「日本は後れた国で、欧米からの圧力で開国した」というように見る向きもあると思うけれども、私が生きていた時代であっても、すでに日本は十分に先進国であったのではないかと、私は思いますよ。

九鬼　ありがとうございます。

3　大学教育における宗教教育について

道徳律のなかの高邁（こうまい）な部分については学ぶべき

九鬼　大学教育においては、「教養」と「専門」の二つを深めていく必要があると思いますし、特に教養においては、宗教教育や道徳教育も必要です。
　このあたりのバランスについて、お考えがございましたら教えていただければと思います。

J・S・ミル　これは、私だけと言わず、私の父もそうではあったんですが、哲学や経済学等をやるような人間、あるいは、政治学等をやるような人間から見れば、やっぱり、近代であるほど、学問的に発達しているように見えるところはあります。

しかし、宗教には、「古いものほどいい」みたいな考え方があるでしょう？教会でも寺院でもそうだと思いますが、古い時代のものっていうのは、やっぱり、考え方が止まっているものもあるので、近代的な発展と比べれば、ずさんなものはありますよね。

だから、「地球は球体ではなく、平板（へいばん）な、平たいものだ」と思っている時代の人がつくった哲学に、そう簡単に全面的に降参して、帰依（きえ）することはできないというところでしょうか。そのぐらいのことも分からず、「太陽が地球の周りを回っているんだ」と信じていた時代につくった思想ですよね、宗教の大部分は。「『その頃の思想が、現代まで規定してくる』ということは、はたしてどこまで許されるのか」というところです。

私から見れば……、まあ、現代から見れば、大部分は、もう使えないような、〝骨董品〟の知識から出来上がった学問であるのだろうけど、まだ生き延びている道徳律のなかに、一部、高邁な部分が残っていれば、そこについて学ぶべきものはあるとは思う。

宗教は、学問的な発達に蓋をしてはいけない

J・S・ミル　ただ、その道徳律にも、人権思想が発達した時代においては、

かなり問題があるところもあります。それは、キリスト教においても、イスラム教においても見られましたよね。今も、そうでしょう? 問題は一緒だと思う。キリスト教圏においても、イスラム圏においても、「人権思想」と「教会の教え」とがぶつかっている面はかなりあるでしょう?

例えば、カトリックであれば、一応、公式上は避妊(ひにん)をしてはいけないことになっていますが、カトリック教国では人口がほとんど増えていませんね。

また、キリストの教えによれば、金持ちは天国に行けないということになりますので、金儲(かねもう)けを積極的にはできない教えになっています。

そして、現代では、カトリック国は、どこも債務(さいむ)国になって、倒産しかかっていますね。これは救わないといけないから、キリスト様の教えを守っていれば、みな、国が貧乏になっていくというのは、たまらない。一方、教えを守らなかったプロテスタントの国のほうが繁栄していて、今、救済する側に回っています。

だから、「この世に繁栄を持ち来たらすのは、勤勉の美徳によるものであって、勤勉の美徳によって神の栄光をこの世に現すことが、真なるクリスチャンの義務なのだ」という考え方を持ったクリスチャニズムが、欧米の近代以降、まあ、蒸気機関発明以降の、一種のエートス（特質、気質）になっていたことは間違いないと思うんです。

このように、宗教思想も、気をつけないと、「退行の原理」というか、「人類の進歩思想を逆行させる原理」になる部分もあるのです。

聖職者にある者、例えば、教会の牧師や神父（しんぷ）、あるいは仏教であれば僧侶（そうりょ）、イスラム教においてはイスラム学者等が、現代に合わせて（教えの）取捨選択ができるかどうか。そういうことになれば、「オリジナルな教えから見て、どれを取って、どれを捨てていいか。つまみ食いのようにしていいのかどうか」ということに対する罪悪感が、当然出てきますからねえ……。

まあ、宗教は、全部捨ててはいけないものではあるけれども、完全に宗教洗脳を先に全部やってしまって、学問的な発達に蓋をしてしまうようになったら、いきすぎているのではないかなと、私は思うんです。

あなたがたの宗教は、多少、未来志向で、学問的にもある程度自由を入れようと努力なされていると思いますが、時代が何百年、千年、二千年と経っていけば、やっぱり古びていくものはあるでしょうから、そのときにどうなるかについては、まだ分からないところはあると思います。

九鬼　「進化する遺伝子を含んだ教え」というかたちでつないでいけるよう、努力してまいりたいと思います。

4　「イギリス社会主義の父」と呼ばれるミルの真意とは

少数派の人たちを救うことは間違っているわけではない

黒川　今、道徳律のお話がありましたが、ミル先生は、キリスト教の道徳律が時代に合わなくなってきた十九世紀において、ベンサムの「最大多数の最大幸福」という功利主義をより発展させたかたちで打ち出されました。この考え方は、当会の考えとも近いと思います。

この功利主義について、先ほど名前の出たサンデル教授という人が、「功利主義は効率優先であり、『共通善』や道徳的真理を軽視している」というように、批判的なことを述べています。この「功利主義」と「道徳律」の関係については、どのように考えればよいでしょうか。

J・S・ミル　うーん……。(私は)幼少時から、功利主義的な考え方を基本にして育ったんだけど、先ほど(本書1節)、「二十歳(はたち)前後で、脳が一種のバーンアウトをした」というような言い方をされたようで(笑)。まあ、そうかもしれないとは思います。思想的に、ちょっと迷路に入った面もあったのかなとは思うので。

ちょうど、だから、そうですねえ、時期的には、社会主義的な思想も出てき始めた時代ではあったので……。

「最大多数の最大幸福」は、かたちとしてはそれでいいとは思うんですが、やっぱり少数派の部分が残りますよね。「その少数派の部分というか、落ちこぼれていった部分、取り残されていった人のところに、公的な領域の人たちが手を伸ばして救う」というのは、社会主義的なところの理想的ないい面であろうと思うんですね。これ自体は、宗教的に見ても、だいたい、どこの宗教が説いていることとも共通しているので、間違っているわけではないと思うんです。

「富の再分配」といっても、昔と今とでは事情が違う

J・S・ミル　ただ、「最大多数から漏れた人たちを救う原理が、多数の人たちを不幸にしていく過程で成り立っていく」ということになってくると、これ

が正しいかどうかは、難しくなるわけですね。ここが今、いちばん難しいところです。

例えば、税率の問題としても、はっきり出てきますよね。お金持ちから税金を取って、貧しい人に分け与えることは、神の心に適(かな)っているようにも見える。それはそのとおりなんですが……。

昔のように、「地主(じぬし)は、生まれつき財産を受け継(つ)いで、広大な土地を持っている。小作人は土地を借りて賃料を払いながら、わずかな収入で生きている」という段階であれば、大地主は、生まれつき恵まれた階級で、生活に苦労もなく、人を働かせて自分には収入だけ入ってくる。

ということで、イギリスの国会議員は、無報酬で働いていたことが多いのです。地主階級、貴族階級が多かったわけです。

そういう時代には、確かに、働かなくてもいい人が多くいて、文化が花開くことはあるんだけども、多くの人たちが犠牲になっている面もある。だから、多くの人たちを幸福にしていこうとすると、こうした一部の恵まれた人たちの権益を、抑えていかねばならないようなところも出てくる。

ところが、今は、「中産階級と言われる層が出来上がってきて、この中産階級と言われる者が、だんだん、中の上になり、上の下になりと、上がっていき始めると、この『上に上がった層』と『下の層』との間の差がすごく激しくなってくる」ということで、努力して平均以上になってきた人たちの「努力した部分」を、法律とか税制とかで取り去って、下のほうに回していくということが行われている。

これは、生まれつきの地主とか、貴族とかいう財産家だったわけじゃない人たちですよね。自分の努力によって築き上げた地位や収入は、汗と努力と涙の結晶であるわけです。これを強制的に取り上げて再分配していくということが、社会主義の別形態として、今、行われているわけですが、これがどこまで正義に適うかということは、やっぱり難しいところはある。

努力した人を、サボった人と同じに扱うことはフェアか

J・S・ミル　貧しい階層のなかにも、仕方なく貧しい方もいます。確かに、生まれつき障害があったり、生まれたとき、家が借金状態だったり、あるいは、両親のどちらかが亡くなっていたり、離婚していたり、いろんな理由により、恵まれておらず、学校にも十分に行けないような人たちもいるので、こういう

人たちに何らかの援助の手を差し伸べるのは、当然のことであろうと思います。ただ、そうではなくて、意図してサボっている階級というか、そういう人たちがいることも事実なんですよね。

これは今、アメリカでやっている実験でしょうけども、オバマさんは、黒人階級から出世していったので、黒人階級の人たちを白人と同じようなレベルに近づけようと努力されている。けれども、白人階級のほうから、富の搾取が行われてくることへの不満がどうしても出てくる。

黒人階級のなかには、教育を受けていないために出世できなかった人もいるが、早いうちに麻薬や犯罪に手を染めて、非行の心であった人もいる。そういう人たちと、まじめに、

バラク・オバマ（1961〜）
第44代アメリカ大統領。

勤勉に、先ほど言った全寮制の学校で一週間休みなく勉強していた人たちとを同じに扱うということは、フェアかどうかと言えば、多少、難しいところはある。

このへんの加減は、とても難しいですね。「神のような目で、それを見ることができるかどうか」というと、やっぱり疑問だし、国会みたいなところで何百人かで議論したからといって、本当の意味で正しい結論が出るかどうかは、保証の限りではない。

まあ、みんながいいと思って決めたことでも、必ずしも正義に適わないことが現実として出てくるために、政権交代とかが起きているんでしょうからねえ。

そういう意味で、民主主義のなかには、非効率な面もあることはあるのかな。民の代表といえども、神のごとき目はないので、やっぱり、非効率な面はあるのかなという気はしますがね。
質問は違ったのかな？

黒川　先ほど、「最大多数から漏れた人たちを救うことも大事だ」というお話がありましたが、こうしたところは、「少数者の切り捨て」につながると批判されることもある、一般的な功利主義とは違うところなのかなと思います。
ミル先生は、『自由論』を説きながら、「イギリス社会主義の父」とも呼ばれているわけですが、それは、「恵まれない人を救っていく」というノーブレス・オブリージ（高貴なる義務）の精神の表れだったと考えて、よろしいでしょうか。

J・S・ミル　少なくとも、十九世紀に女性の地位を上げようとしたということは、今で言うとフェミニズムに当たるわけです。

「フェミニズムと社会主義の結託は怖い」と、今もずいぶん言われています（笑）。「女性の地位向上と社会主義が結託すると、男性はどんどん身が縮まっていって、窮屈な世の中になっていく」という反論は、かなりあるんじゃないかと思うんですけどねえ。

まあ、そのへんは難しいところがあります。本当に難しい。完全に切れないというか、どちらか片方にならないのは、やっぱり、反論のなかにも一部、真理が残っているからでしょうね。

だから、要は、バランスの問題なんだろうと思うんですよ。基本的には、そのへんの絶妙のバランスが保てるかどうかというところでしょう。

5　日本の民主主義の問題点

今は、出版界もマスコミも玉石混淆の状態

立木　本日は、ご指導まことにありがとうございます。●HS政経塾の立木秀学と申します。

たまたま昨日、塾生に、政治思想ということで、ミル先生のことを教えておりました。

●HS政経塾　政治家・企業家を輩出するための社会人教育機関。

J・S・ミル　ああ、そうですか。

立木　ですので、今、非常に感じ入っている次第でございます。

先ほど、「多数の専制というものがあって、少数者をどうするのか」ということを言われましたが、今のように民主主義が発達したなかですと、マスコミがいろいろと出てきて世論を煽り立て、特定の人をいじめるという現象も起こっています。

このへんに関して、今の日本をはじめ、先進国等の民主主義あるいはマスコミのあり方は、ミル先生からどのように見えているのでしょうか。また、どのように改善したらよいか、お教えいただければと思います。

J・S・ミル　まあ、難しいねえ。

昔なら、そうとう勉強した学者とか、文学者とか、そういう方でなきゃ、本は書けなくて、本を出すのは大変だったのが、今の日本は、年間何万冊も本が出るっていうことですから、数的に見れば、どうでしょうか（苦笑）。いろんなレベルのものが出ていて、玉石混淆の時代でしょうね。

玉石混淆のものだけれども、「言論・出版は尊い」という言い方になってはいる。そして、実際に売れているものが、経営的には出版社を潤すことになるわけだけども、「よく売れているものが良書かどうか」っていう判定は、やっぱり厳しいですね。

逆の場合もあり、センセーショナルであったり、あるいは、人の欲望をかき立てたり、人を堕落させたりするようなものでも、売れることはある。それは、本だけではないですね。テレビの番組や雑誌や映画等も同じかと思います。

宗教的には、「天国的か地獄的か」ということかもしれないですけども、そのへんが必ずしも峻別できない。

マスコミは発達していますが、上から下までいろいろあって、神のごとき言葉を説いている人も、地獄的な想念に包まれているような方も、活字を通して批判ができる。あるいはテレビを通して批判ができる。

テレビに出られるような人には、頭脳明晰で見識が高い人もいるけれども、そういう人ばかりとは言えなくて、スター性というか、人気が取れるような方とか、テレビ映りがいい人とかもよく出たりしているし、話が面白いというだけで出ている方もいる。

知識が氾濫(はんらん)している今、求められる人材とは

J・S・ミル　さて、この〝民意〟が、どこまで啓蒙(けいもう)主義と合致しているかどうか、分からないところはありますね。

かつて、選挙により代議士が選ばれて国を統治することが最高のように思われていた時代もあるけれども、今、その個人の意思が、選挙という制度以外のかたちで現れつつあるわけです。

多くの人が、本を書いて出したりできれば、テレビやラジオにも出られれば、取材されるかたちで新聞に出られる面もあるし、さらに、今は、私の時代にはなかった機器がそうとうあり、個人でいろんな情報を発信しているようですね。

このへんはちょっと私も分かりかねるんです。何ゆえにそんなにも毎日いろいろと情報発信しなきゃいけないのか、私にはよく分からないところがあるし、また、それに読み手がいるということだけど、ちょっと理解できないところがある。

私も、もう旧(ふる)くなったのかもしれませんが、●百四十字ぐらいかなんかで情報をまとめて発信するのは勝手ですけど、それを読むために時間を使わなきゃいけないっていうことが、私にはどうも理解できないんです。どこの誰か分からない人が出しているようなものを、なんで読まなきゃいけないのか、もうひとつ分からないんです。

ある意味で、民主主義の先端化がどんどん進んでいると言いますか、先っちょのほうまで来ているのかなという感じがしますね。民主主義の「平等化の理

●Twitter(ツイッター)で一度に投稿できる文字数の上限。

想」が先端化して、進んできて、智慧ある者と変わらないようになってきているのかと思います。

こうした、知識が氾濫している時代であり、意見が氾濫している時代であるからこそ、現代において、ソクラテス的な人が必要ですね。ソクラテス的な「無知の知」で議論の偽物を見破って、明快に方向を示す人は、今、ニーズとしては極めて貴重なのではないかと思います。

多数の意見であっても、必ずしも真理や正義とイコールではない

J・S・ミル　大新聞や大きなテレビ局のようなものでも、はっきりと見解が分かれる。おそらく、一部の人たちの意見は必ず代表しているのだろうとは思

●無知の知　「自分は無知である」ということを知っている人が、ある意味で、賢者であるということ。また同時に、知の探究は、まず「自分は無知であると知ること」から始まるという、ソクラテスの思想的態度を特徴づける言葉。

いますо。そういう意味での民主主義は繁栄しているのだろうけれども、やっぱり、正しいか正しくないかは、結果的にあるだろうと思うんですよ。

だから、うーん、何だろう？　兵法によって戦（いくさ）で負けたり勝ったりするのと、似たようなところがありますよね。兵法を間違えば、大軍でも大惨敗（だいざんぱい）してしまいます。そういうことで、考え方の筋（すじ）を間違えば、国が衰退し、あるいは、筋が合えば、少数の意見であっても国が繁栄していくほうにいくことがある。

この難しさは、やっぱり、何とも言えませんねえ。

例えば、ペルシャとギリシャのサラミスの海戦では、ギリシャ側が勝ったわけだけども、「都市のアテネが崩壊して、火をかけられて神殿まで崩れ落ちているのを放置してでも、海戦で勝つ」という戦略で押し切って、海戦でペルシャ軍を破ってしまったことが、世界史の流れを変えて、西欧の発展を築いた。

あのとき、もし、（ギリシャが）敗れておれば、ペルシャ的なるもの、要するに中東的なものが、ヨーロッパまで完全に押さえていたのは間違いないので、のちほど起きた「イスラム教による伝道」および「十字軍の戦い」のようなものは、起きなかった可能性もあるんですけどもね。

まあ、「どういう兵法によって、結果がどうなるか」ということはあるので、その意見を支持する人が多数であるということは、必ずしも、真実、あるいは真理、あるいは正義とイコールではないのです。そこが現代の難しさです。

サラミスの海戦（紀元前480年）の様子

多数の専制は、走り出したら止められないところがある

J・S・ミル　現代においては、「識者がいったい誰であるか」「見識を持っている人が誰であるか」ということさえ見ることが難しく、テレビに露出(ろしゅつ)している回数が多い人とか、新聞なんかによく登場する人とかが識者だと思われがちであるけれども、実は、それほどの見識は持っていなくてね。「有名であるけれども、賢者であるかどうか」「有名であることは賢者であることとイコールかどうか」は分からないということはありえます。

ここは本当に難しい。「多数の専制」っていうのは、バッファローの大群が突っ走ってるようなところがありますので、止められないですよね。これにつ

いては、もう止めようがない部分があるので、力尽きるまで走らせるか、川に全部飛び込んでいくまで放っておくしかないところもあります。その危険性を、いくら笛を吹いて鳴らしても、聞かないものは聞かないところがあるので、現代において、「神の言葉を伝える」ということは、昔に比べて、極めて難しくなっていると思うんです。

『旧約聖書』の時代とかであれば、預言者は、同時に、そうした言葉を残せる人でもあったわけで、その預言の言葉が書として残って、多くの人に読まれたけども、それ以外の言葉がたくさん読まれていたわけではありません。

そういう意味で、優れた人を見分けるのは極めて難しくなってきたと、やっぱり思います。

「何をもって危害とするか」という判断は極めて難しい

立木　ご生前、著書『自由論』のなかで、「人に危害を与えない限り、取り締まられることはない。強制的に何かをやらされることはない」という「危害原理」が大事だと述べられましたが、これは、今の民主主義社会を築く上で、大きな力になっていると思います。

「人間の自由、才能や個性をもっと生かすべきだ」ということで、ミル先生の『自由論』によって、ソクラテスのような〝常識的でない人〟でも、昔は弾圧されたかもしれませんが、今は才能を伸ばしていけるようになっています。

このへんを出発点にしながら、ミル先生の考える、「未来社会のあるべきビ

●危害原理　他人が相手の自由に干渉できるのは、その相手が他人に危害を与える可能性があることを原則とすること。

ジョン」について、お教えいただければと思います。

J・S・ミル　まあ、「危害原理」といっても難しいよね。

例えば、今の日本であれば、集団的自衛権の問題をずっと議論していたね。これについても、「同盟国と共同して自由に動けるようにしておかないと、国を守れない」ということで、「日本の被害を少なくするために、集団的自衛権が必要だ」という考えを出す人もおり、他方、「そんなことをやったら、日本のためではないことのために、血を流す人が出てくる。実際に自衛隊員が死にますよ。戦後、自衛隊員は戦争では全然死んでいないけども、これから、ほかの国みたいに死にますよ。それでいいんですか。イラク戦争みたいなのに巻き込まれて死んでもいいんですか」ということで、「自衛隊員に危害が加えられる」ということを言うマスコミもあります。また、これに同調する人がいるから、まあ、面白いことは面白いんですが。

自衛隊っていうのは、一応、国を守るために戦う装備を持っている人たちではあるけども、「戦争がないから自衛隊に入ったという人がいっぱいいる」と言って、その家族とか奥さんとかが、「え？ 死ぬんだったら自衛隊に入れるんじゃなかった」みたいな言い方もしていますよね。

あるいは、「転勤もほとんどなく、毎日、役所のような生活ができて安定しているために、東京電力に就職したのに、原発事故で大変な目に遭ってしまった。もう退職者が続出で、ベンチャーみたいな企業になってしまった」というようなところもあって、予想外のこともあります。

だから、危害というものも、いろいろと考え方があって、「何をもって危害とするか」という判断は極めて難しいところがあります。

「何が最大多数の最大幸福なのか」が分かりにくくなっている

J・S・ミル　「危害」と言わずに、「最大多数の最大幸福」と言い換えて、例えば、今の集団的自衛権（の問題）に当てはめ、どちらが正しいのかと言っても、そう簡単には……。やっぱり、言論の組み立て方によって、どちらにでもいく面がありますよね。

確かに、アメリカは、過去、戦争をたくさん起こしてきて、戦争が全部百パーセント正しかったかといえば、疑問が残る面もある。最近のイラク戦争に関しては、（イラクは）大量破壊兵器を保持しているということが大義名分（たいぎめいぶん）になって、十万人を超える大量の人が殺されたと思われるんですけれども、実際に調べたところ、見つからなかったので、「間違った戦争であったのではないか」ということが、アメリカ人に罪悪感を与えて、今、撤退の路線を続けている。

ところが、アメリカが撤退したところ、イラクは、今また新しいゲリラ組織等に攻撃されて国が四分化されるような危機に見舞われ、国の独立が危ぶまれるような状況が来ている。「軍隊を引き揚げることがいいことだ」と思って、引き揚げたところ、今度は、戦争が多発するようになってしまう。おかしい。

引き揚げて軍縮のほうにもっていったし、「核兵器もなくしていきましょう。核戦争もなくしましょう」と言っていたので、（オバマ氏に）ノーベル平和賞が出たはずなのに、むしろ戦争が多発してきている。イラクでも戦争が起きているし、シリアでも起きているし、ウクライナでも起きているし、あちこちで戦争が多発している。また、中国が、いろんな所で軍事的な衝突も起こし始めている。

何が最大多数の最大幸福なのか、極めて分かりにくいようになっていますねえ。

人数だけでいえば、人口の多い国が圧倒的に有利になります、これでいくとね。だから、十何億もの人口を持っていたら、極めて正義に近いかもしれません。人間平等であれば、（人口が）一億の国は絶対に勝てませんね。

十倍の人口があるということは、その国が「正しい」と考えることであれば、少なくとも、五億、六億以上の人が「正しい」と認めているであろうから、一億の国の人全員が「正しい」と言っても、それとは違う価値観が（十何億人の国から）出てきたら、「そちらのほうが人数的には多いから、正しい」ということになりかねないのです。

また、「イスラム教」対「イスラエル」ということになれば、イスラエルの人数は極めて少ない。（世界に）散っている人もいますけど、まあ、数百万から一千万、二千万の範囲内の人数しかユダヤ教徒はいません。

一方、イスラム教徒は何億人もいて、増え続けている。

あなたがたの教団ができた頃は、「イスラム教徒は世界で六億人ぐらいだ」と言われていたのに、「今はもう十六億人ぐらいはいる」と言って、キリスト教のカトリックとプロテスタントの十億ずつを足した二十億の数字に追いつくために、何だか数が増えている。人口も確かに増えているんですが、まあ、どこまで真実かは分からないけど、イスラム教も信者数を増やそうとしている。そうして十六億人になった。やがて二十億人になるかもしれない。

キリスト教徒の人数を超えるかもしれない。そのとき、イスラム教のほうが正しくなるのかどうか。いや、これは難しい判定になりますよね。

だから、その数、あるいは量だけで判定できるかどうかは、実に難しい。

エリートの基準をつくることが、今の混沌期の仕事

J・S・ミル　言論の自由市場ということで、いろんな本が出たり、意見もいろんな人から発信されたりする。テレビでも言う。テレビに出してもらえない人は、自分のコンピュータから発信する。ということで、自由市場ができたら、これで結論が出てくるかといったら、ますます混乱して錯綜してくることはあります。

こういうときには、逆に、思想的には独裁者が出やすいところがあるので、「それが、正しい神の預言者的な導きなのか。それとも、ヒトラー的なるものなのか」は極めて見極めが難しい。ヒトラー的なるものは、習近平的なものか、あるいは、プーチン的なものか、安倍晋三的なものか。まあ、これは、現在ただ今、意見がけっこう、分かれているわけなんですよね。

だから、うーん……。いや、君たちはやはり文明実験のなかを生きている。（人々は）本当は、賢い人についていきたい。ただ、賢いっていうことが、もし、学校教育による賢さで測れて、最後までいけるものなら、ある程度、結論を出すことはできるんだけども、「学校秀才が必ずしもうまくいかなくなっている」というのが、ここ二十年来の日本の状況ではありますね。

高度成長しているときは、学校秀才がみんな順当に出世していって、社長になり、あるいは、官僚で偉くなり、大臣になりしていたんだけれども、低成長期あるいはデフレ期に入って、難しくなって、今、エリートの基準が分からなくなってきつつあります。

ここで、いったい何が頭一つ抜け出してくるか。この基準をつくっていくのが、今の混沌(こんとん)期の仕事であろうと思いますね。その意味では、真に真理を発見して伝えようとしている人は、今、極めて厳しい環境にあるのかなと思います。

6　宗教にもイノベーションは必要

啓蒙(けいもう)主義とは、切磋琢磨(せっさたくま)しながら優れた人が出てくるシステム

立木　私たちは、価値観が非常に混沌(こんとん)としたなかで、教育面では、宗教を軸とした教育を展開し、政治面では、宗教立国(りっこく)を進めていこうとしています。「自由」ということを尊(とうと)ばれたミル先生は、私たちのこの「宗教としての挑戦」を、どうご覧になっているでしょうか。あるいは、どういうところに気をつけたらよいのか、お教えいただければと思います。

J・S・ミル　まあ、私たちの時代は一種の啓蒙主義であり、啓蒙主義っていうのは、宗教とは必ずしも両立しないものであったわけです。

先ほど言ったように、宗教は、〝過去に向かってのベクトル〟を持っていたのでね。「昔ほどいい」と。

つまり、初代の教祖より偉い人はいないわけで、それぞれね。宗教でなく、哲学でもいいけども、「ソクラテスより偉大な人はいないし、キリストより偉大なクリスチャンはいないし、ムハンマドより偉大なイスラム教徒はいないし、仏陀より偉大な仏教徒はいない」と。まあ、こういう、過去に向かっていくベクトルを持っている。

一方、啓蒙主義っていうのは、多くの人々を耕していくことによって、知識

●啓蒙主義　神学に代表される旧来の伝統や権威を理性のもとに批判し、民衆を啓蒙しようとする考え方。17〜18世紀のヨーロッパで広まった。

を分け与えて、チャンスを多く与えることによって、そのなかから、切磋琢磨しながら優れた人が出てくるシステムであるわけです。

「数多くのチャンスのなかから、優れた人が出てきて、選ばれてきて、（その優れた人が人々を）導いていって、さらに進化していく」というイノベーションの原理をも内包しているものであったので、宗教とある程度協調することはできても、完全には一緒になれない。やっぱり、水と油の面はあったと思うんですね。

昔の思想を現代に適用すると、人権侵害になる部分もある

Ｊ・Ｓ・ミル　でも、あなたがたの宗教のなかには、「過去の知識も一部利用

しつつも、取らないものは取らない」という、はっきりしているところもあると思うんですね。

それから、時代的に後れていると見ているものについては、乗らないでしょう？　仏教をベースとしていると言いつつも、「仏教の古びた部分」については取り入れないでやっていると思うんですね。

（幸福の科学は仏教と）みんな同じではない。（幸福の科学の職員は）みんな托鉢して生活しているわけではないでしょう？　それはもう現代において適用するのはかなり厳しいことだろうと思うし、「一日一食」っていうわけにもいかないでしょう。

それから、みんな頭を剃って柿色の衣だけを着て歩くっていうのであれば、イスラム教徒以上の、基本的人権の侵害になる可能性は高いです。イスラム教徒は、女子がベールを被(かぶ)っていることがあっても、頭までは剃ってませんから。そういうこともあるので、（幸福の科学には、旧(ふる)い宗教から）学んでない面もあると思う。

キリスト教でも、教えは教えとして教会で説かれていても、コモン・ルール（共通規則）で破っているものは破っている。

例えば、教会で結婚式を挙(あ)げるときには、「神が合わせたもうたものは、引き裂いてはならない」（と司祭が宣言する）ということで、離婚は、キリスト教においては一般的に禁じられていることになっている。けれども、キリスト教国が、いちばん先頭を切って離婚率が高くなっていったわけで、キリスト教徒であるにもかかわらず、教会の教えには背(そむ)いている。それが両立しているという、まことに微妙な関係です。

これは、政教分離が妙なかたちで現実生活のなかに投影しているのかもしれません。「宗教的時間・空間のなかにおいては、それを守るが、そこを離れたところにおいては別の原理が働く」という〝二元論〟、あるいはそれ以上の原理で、動いているのかもしれませんね。

思想の一部は、時代に合わせて改変していく努力が必要

Ｊ・Ｓ・ミル　あなたがたは、今、「宗教」と「学問的なものや現代的な知識」を融合しようとしている。これは一つの試みであるので、まあ、よいとは思いますが、先行きどうなるかについては、まだ分からないものはあると思うんです。

つまり、「地球が平たい」とか、「太陽が地球の周りを回っている」とか、「大きな亀が地球を支えている」とか、「ヘラクレスが支えている」とかいうような思想に当たるものが、もしかしたら、今の教えのなかのどこかにあるかもしれない。次の時代、千年後の時代から見れば、そういう面はあるかもしれないと思う。

それはそれで、でもまあ、新しい時代には分派して、新しい教祖が出てきて、流派をいろいろ築いていって、考えを変えていくであろうから、「弟子たちが転生して、そういう時代をつくっていく」ということで、担保されている面はあるんじゃないかと思うんですね。

だから、今は、現在の地点に立って過去を見渡し、未来を見渡して、最善のことをやる以外にないのではないかと思います。

現在ただ今、千年後に実現する社会の倫理を説いても、たぶん現代人には合わないだろうと思います。千年後の倫理を今、樹立したら、それがいいかと言えば、そうではないだろう。三千年後の倫理を今、樹立したらいいかと言ったら、必ずしもそうではないだろうと思います。それは、やっぱり、その時代の人の使命ではあるので。

見渡せるのは、正直言って、うーん……、私の思想が百五十年もっているのかもしれませんが、まあ、百年、二百年もてばいいほうで、あとはやっぱり、新しい思想を受けないと、時代の変化にはついていけない部分はあるかと思いますね。

だから、基本的な部分は残しながらも、一部は改変していく努力をしなきゃいけない。特に、科学的な面にも手を出していらっしゃるようだけど、大学をおつくりになっても、今、つくっているものと、将来出てくるものは、たぶん全然違ったものになってくるはずなので、それだけの許容度は必要でしょうね。

7　近代以降の政治の原理についてどう考えるか

民主主義の長所・欠点を、
専制国家と比較しながら分析する

J・S・ミル　政治の原理は、ロック、ルソー以来出てきた、いろんな近代原理から出来上がっているけども、これも永久不滅のものではないであろうから、どこかで民主

ジョン・ロック（1632～1704）イギリスの哲学者。

ジャン・ジャック・ルソー（1712～1778）フランスの啓蒙思想家。

主義的な制度が完全に衆愚政に化したときには、崩壊してくる可能性はあると思う。

例えば、中国なんかは、今、覇権主義を強めておりますけども、中国の側から見れば、民主主義国家というのは非常に腰抜けの集まりというか、体たらくに見えているようには思うんですね。一応、民主主義に見えるように、全国の代議員を集めて、総会みたいなものを開いているけれども、実際はトップ一人の考えで政治が決まっている。逆らえば処刑されますからね。まあ、そういうことで、鉄の組織が出来上がっている。

けれども、日本みたいなところでは、いろんな政党があって、野次が飛び、それが問題になったりするような、くだらない政治をたらたらと延々とやっている。それを見て、「あんなのは、もう敵でもない」と、たぶん見ていると思うんですね。「蹴散らすのはわけがない。一枚岩でガーンと蹴散らせば、簡単に潰れるぐらいの柔な国だ」というふうに、向こうには見えているはずだと思います。

だから、そうなる可能性もあるし、あるいは、自由な言論のなかから新しいものが発明されて、時代をリードする場合もある。両方の可能性があるんだということですね。「専制国家」対「民主主義国家」で戦う場合、専制国家が勝つ場合も、民主主義国家が勝つ場合も、歴史的にはあるんですよ。

ただ、問題点として、専制国家の場合は、賢帝というか、本当に賢い人がそう続かないことが多いということですね。本当に悪い王様みたいな人に当たった場合は、民が非常に悲惨な目に遭って、血なまぐさい革命でも起こさない限り、制度を変えられないのです。

けれども、民主主義制度のなかにおいては、「血なまぐさいところまでいかなくても制度を変えられて、調整できる部分が残っている。そういう変化に柔軟に対応できるところがある」っていうことですね。

意見としては正しくとも、軍事力が弱ければ敗れる

Ｊ・Ｓ・ミル　現代そのものを見るのは、とっても難しいと思いますよ。ただ、言えることは、自由論から見れば、例えば、十三億人以上の国民を有している中国だって、それだけの人間がいたら、考え方が多様になるのは当たり前ですよね。多様な価値観が出て、いろんな考え方が出てくるのは当然だけど、それを出させないように押さえ込もうとしている。そのなかには、そうと

うな強制力が働いていて、やはり人権弾圧に当たることはそうとう行われてい
ると思われる。

法律上、「言論の自由」や「出版の自由」や「信教の自由」が認められてい
ても、現実にそれが実行されていないなら、それはもう、かたちだけで、上辺(うわべ)
だけで、現実は専制状態であるならば、やっぱり問題は多いでしょうね。

どちらに理(り)があるかは、歴史的な結果論になるわけだけども、（自分たちの
ほうが）意見としては正しくても、（相手のほうが）軍事で強ければ勝(か)ってし
まうことだってあるわけです。

先ほど言ったサラミスの海戦でも、ペルシャのほうが勝ってしまっていたら、
ギリシャの民主政はなくなっていて、現在の民主主義はどうなっていたか分か
らないところもあるわけです。

だから、そういう戦争をするために、兵士が必要になってくる。兵士に取り立てると、貴族から出た人であろうと農民から出た人であろうと、兜（かぶと）を被（かぶ）せ、槍（やり）と盾（たて）、あるいは弓矢を持たせて戦わせたら、一緒ですよね。差別なんかできなくなってきて、実際上、戦わせてみたら、貴族より農民のほうが強いことも十分にありえるわけです。百人力（りき）で、一人で百人を倒すような人が出てきたら、当然ながら、そういう人は軍の指揮官のほうに上がっていくでしょうね。市民でも頼りにするでしょう。

そういうところで、民主主義が出てくる場合もありますけどもねえ。

民主主義・専制国家を問わず、神の言葉に対して謙虚であれ

J・S・ミル　まあ、民主主義のいいところは、次々とリーダーが出てくるところです。ここは、やっぱり、いいところだと思います。

また、間違いが起きることは、どうしても止めることはできないけども、それを正すチャンスは残っているとは言える。

ただ、気をつけなければいけないのは、「多数がいつも正しい」と考えがちになるケースがあるということで、やはり、「古代にあった賢者(けんじゃ)の言葉、あるいは、神の言葉や預言者の思想等は、一個の人間から発されたから値打ちがないものだ」と考えるなら間違いなので、それに対しては、「多数の傲慢(ごうまん)」とい

う言葉を当ててもいいかもしれない。そういうところは、十分に留意しなきゃいけない。

中国みたいなところであれば、トップに立っている人は、当然、「自分は賢者だ」と思っているはずです。だから、同じように、「神の言葉と思って、私の言葉を聴け」と言っているかもしれないけども、弾圧されている人のほうに賢者がいる可能性だってあるわけです。それは、世界の人たちが見ながら、歴史的に解決されていかねばならないことでしょうね。

自由を守るべく命を懸けて戦うことは、現代にもありうる

J・S・ミル　まあ、先ほど（本書1節）、「結論を言わないと、ソクラテス的

ではない」「マイケル・サンデルになってはいけない」ということであったので、結論を申し上げるけれども。

数百万人ぐらいの小さな国が、一人の賢者に引っ張られているようなことはあります。例えば、シンガポールでは、リー・クアンユーという人が長く指導者をやったようなこともありました。

しかし、十何億人もいるような国で、思想を一元管理するために、警察や軍隊を使って、人々を押さえ込んでいるということであれば、それは、無理のあるシステムなのではないかと私は思うし、自分たちの国はそれでもいいのかもしれませんけれども、それが、他の国に対する脅威にまで発展するならば、やはり、何らかの防波堤は必要でしょう。

ペルシャと戦ったアテネのように、「思想の自由」や「政治の自由」を守るために命を懸けて戦う時代は過去もありましたけども、現代にも、そういうことは存在するのだということは知っておいたほうがいいと思います。

8　新しい時代のリーダーを育てるのが大学の使命

九鬼　本日は、教育論を中心としながら、政治思想、現代の国際情勢に至るまで、さまざまなご見識を賜りました。

私どもは、「進化する大学教育」を目指しつつ、グループとしても大きく大きく発展してまいりたいと思っております。

J・S・ミル　成功してきた日本の過去の事例は、「人より早く勉強を進めて、一定の程度までアチーブメントがいったら、秀才と扱われて、エリートになれて、リーダーになれた」というもので、そういう幸福な時代もあったんだけども、今は、「人より早く到達しただけでリーダーになれる」というのは甘い時代に入ったわけです。

中学に入るとき、高校に入るとき、大学に入るとき、まあ、いろいろありますね。そのときに、人より早く高い得点にまで到達しただけでリーダーになれた時代もあったけども、これからは、社会に出てから時代がどんどん変化していきます。

十年と言わず、二、三年で変化していく時代のなかで、舵取りをしながらリーダーをやっていくためには、「非常に豊かな発想力」と「柔軟な思考力」を持ち、さらに、「知的な努力」を続けなければいけません。そういったことを「継続する忍耐力」と同時にまた、「勇気」も必要だと思うんです。

それから、「失敗することがあっても、そこから学び、立ち直っていく力」

も大事ですね。「失敗から立ち直ってくる早さ」や、そこから「智慧(ちえ)をつかみ取ってくる力」もまた、新しいリーダーの資質なんだということは、よく知っておいたほうがいい。変化の激しい時代であればあるほど失敗も増えるけれども、何度も何度もそこから立ち直り、必ずリバウンドしてきて、人々を導いていけるような人が、真のリーダーなのです。

そういう意味で、恐れずにチャレンジし、失敗しても立ち上がり、そして、智慧を大きくして、人々を導いていけるようになりなさい。

私のような早熟の天才だけがすべてではない。長寿の時代には、長寿の時代の智慧があろうから、年を取っても智慧が増えていくような社会を建設していきなさい。

小中高大の教育も大事だけども、「大学卒業の時点で勉強は終わった。大学の成績がよかったら、あとは就職先が決まって、エリートになる」っていう時代はもう終わっているので、社会に出てからも勉強を続けていけるような余地を残す大学教育をやらなければいけない。

「大学教育で基礎はやるけれども、これから、それぞれ各自の専門や職業のなかで勉強を続けていかなければ、君たちは生き延びていくことはできないし、リーダーになって立つことはできないよ。また、新しい知識も吸収していかねばならないよ」ということだね。

そういう意味で、「新しい知識の吸収」と「危機管理」および、「勇気ある決断」ができるリーダーを育てていくことが、大学の使命なんじゃないかなと思います。

九鬼　はい。今日は本当にありがとうございました。

大川隆法　（J・S・ミルに）どうもありがとうございました。

9　J・S・ミルの霊言を終えて

大川隆法　何らかの参考になりましたでしょうか。

九鬼　はい。大変参考になりました。ありがとうございます。

大川隆法　教育論は一つでも多いほうがよいでしょう。

ミルのような人でも、「自分のようになれ」とは言いませんでしたね。

確かに、日本にも、「早いうちに認められたら有利だ」というところはありましたが、実は親の自慢になっていて、結局、子供が離れていくケースも多いのです。それと、そのあと、ほかの人に抜かれていくときの脱力感が、ニヒリズム、虚無主義のようなものになっていくこともあります。

小学校受験よりも中学受験、中学受験よりも高校受験、大学受験と、あとになるほど参加してくる人は増えてきます。マラソンで言えば、走る人の数が増えれば、上位に上がるのが難しくなっていくのと同じように、あとになればなるほど、よい成績を取るのは難しくなってくるため、できるだけ早いうちに秀才であることを認めさせ、それを定着させようとする傾向もあるのでしょう。

しかし、人生が長くなってきたので、「何度も何度も〝洗い替え〟をして、やり直さないといけない時代になってきた」ということを知らなければいけません。学問としても、「三十歳ぐらいで焼き直し、四十歳でやり直し、五十歳でやり直し、六十歳でやり直し、七十歳でやり直し」という、何度も何度も繰り返しやり直すような面を持っていなければいけないかもしれません。そういうことを感じました。

では、以上です。

質問者一同　ありがとうございました。

あとがき

現代人は天才教育が好きである。ミルもびっくりの胎教さえ行われている。公立小学校でも英語教育が始まった。帰国子女が五歳ぐらいで英検準一級に合格したりするのを見ると、私だって心穏やかでないものを感じる。

私立の開成（かいせい）中学や麻布（あざぶ）中学の入試問題は、現役の東大生が解いても正答率が六割前後だが、小学六年生が七割以上の正解を出して合格していく。しかし、彼らもその後六年間も勉強して、東大に合格するのは、三〜四割ぐらいである。やはり人生は必ずしも早いもの勝ちではない。早くピークが来すぎた者はその栄光を忘れることができず、努力をいとったり、怠けたりするようになる。忍耐・努力・習慣の力が大人になるにつれてものを言うようになる。早熟教育にも一定の理解を示しつつ、学習は蓄積効果が大きいことを知ってもらうことも大切であると思う。

二〇一四年　九月二十八日

幸福の科学グループ創始者兼総裁

幸福の科学大学創立者　大川隆法

『J・S・ミルに聞く「現代に天才教育は可能か」』大川隆法著作関連書籍

『ソクラテスの幸福論』（幸福の科学出版刊）

『ハンナ・アーレント スピリチュアル講義「幸福の革命」について』（同右）

J・S・ミルに聞く「現代に天才教育は可能か」

2014年 10月 2日　初版第1刷

著　者　　大川隆法

発行所　　幸福の科学出版株式会社

〒107-0052 東京都港区赤坂2丁目10番14号
TEL(03)5573-7700
http://www.irhpress.co.jp/

印刷・製本　株式会社 堀内印刷所

落丁・乱丁本はおとりかえいたします
©Ryuho Okawa 2014. Printed in Japan. 検印省略
ISBN 978-4-86395-559-2 C0037

写真：アフロ、Mary Evans Picture Library/アフロ

大川隆法ベストセラーズ・幸福の科学「大学シリーズ」

ロケット博士・糸川英夫の独創的「未来科学発想法」

原発に代わる新エネルギー、NYに20分で行く方法、核ミサイルを無力化する技術……無限の価値を生む超天才の「発想力」が、この一冊に。

1,500円

青春マネジメント

若き日の帝王学入門

生活習慣から、勉強法、時間管理術、仕事の心得まで、未来のリーダーとなるための珠玉の人生訓が示される。著者の青年時代のエピソードも満載！

1,500円

人間にとって幸福とは何か

本多静六博士 スピリチュアル講義

さまざまな逆境や試練を乗り越えて億万長者になった本多静六博士が現代人に贈る、新しい努力論、成功論、幸福論。

1,500円

早稲田大学創立者・大隈重信「大学教育の意義」を語る

大学教育の精神に必要なものは、「闘魂の精神」と「開拓者精神」だ！　近代日本の教育者・大隈重信が教育論、政治論、宗教論を熱く語る！

1,500円

※表示価格は本体価格（税別）です。

大川隆法ベストセラーズ・霊言による教育提言

宗教学者から観た「幸福の科学」

「聖なるもの」の価値の復権

島薗進、山折哲雄、井上順孝――現代日本を代表する三人の宗教学者の守護霊が、幸福の科学に対し率直な本音。

1,400円

霊性と教育

公開霊言 ルソー・カント・シュタイナー

なぜ現代教育は宗教思想を排除したのか？ 知識のみに偏った日本の教育について、思想界にそびえ立つ巨人たちが問題提起。

1,200円

大隈重信が語る「政治の心・学問の心」

立憲改進党をつくり、日本初の政党内閣を実現。日本を近代国家に導いたその不屈の在野精神で、現在の混迷する政治、低迷する教育に檄をとばす。

1,300円

福沢諭吉霊言による「新・学問のすすめ」

教員制度や学校無償化への流れを、福沢諭吉はどう見ているのか？ いじめ、学力低下、学級崩壊などの問題を根本から立て直す指針を提示する。

1,300円

大川隆法ベストセラーズ・教育論シリーズ

教育の法

信仰と実学の間で

深刻ないじめ問題の実態と解決方法や、尊敬される教師の条件、親が信頼できる学校のあり方など、教育を再生させる方法が示される。

1,800円

教育の使命

世界をリードする人材の輩出を

わかりやすい切り口で、幸福の科学の教育思想が語られた一書。いじめ問題や、教育荒廃に対する最終的な答えがここにある。

1,800円

幸福の科学学園の未来型教育

「徳ある英才」の輩出を目指して

幸福の科学学園の大きな志と、実績について、創立者が那須本校と関西校の校長たちと語り合う。

1,400円

じょうずな個性の伸ばし方

お母さんの子育てバイブル

幼児から小学生の子を持つママ必読！「どうしてうちの子だけが」と、子育てに悩み、疲れてしまっても、この一冊で心スッキリ。

1,400円

※表示価格は本体価格(税別)です。

大川隆法ベストセラーズ・教育論シリーズ

大学生からの 超高速回転学習法

人生にイノベーションを起こす新戦略

限られた時間のなかで最大効果を生みだす勉強術。戦略的な「兵法」で、将来に差をつけろ!

1,500円

ミラクル受験への道

「志望校合格」必勝バイブル

こんな勉強法を知りたかった! 学力とマインドの両面からアプローチした目からウロコの受験の極意が、この一冊に。

1,400円

真のエリートを目指して

努力に勝る天才なし

幸福の科学学園で説かれた法話を収録。「学力を伸ばすコツ」「勉強と運動を両立させる秘訣」など、未来を拓く心構えや勉強法が満載。

1,400円

子どもにとって大切なこと

強くたくましく生きるために

親子で読みたい! 「強く」「やさしく」「賢く」育つ、子どものための成功論。しつけや勉強の習慣化に役立つヒントがいっぱい!

1,400円

幸福の科学出版

ノーブレス オブリージ
Noblesse Oblige

「高貴なる義務」を果たす、
「真のエリート」を目指せ。

幸福の科学学園
中学校・高等学校（那須本校）

Happy Science Academy Junior and Senior High School

私は、
教育が人間を創ると
信じている一人である。
若い人たちに、
夢とロマンと、精進、
勇気の大切さを伝えたい。
この国を、全世界を、
ユートピアに変えていく力を
出してもらいたいのだ。

（幸福の科学学園 創立記念碑より）

幸福の科学学園 創立者
大川隆法

幸福の科学学園（那須本校）は、幸福の科学の教育理念のもとにつくられた、男女共学、全寮制の中学校・高等学校です。自由闊達な校風のもと、「高度な知性」と「徳育」を融合させ、社会に貢献するリーダーの養成を目指しており、2014年4月には開校四周年を迎えました。

ノーブレス　オブリージ
Noblesse Oblige

「高貴なる義務」を果たす、
「真のエリート」を目指せ。

2013年 春 開校

幸福の科学学園
関西中学校・高等学校

Happy Science Academy
Kansai Junior and Senior High School

私は日本に
真のエリート校を創り、
世界の模範としたい
という気概に満ちている。
『幸福の科学学園』は、
私の『希望』であり、
『宝』でもある。
世界を変えていく、
多才かつ多彩な人材が、
今後、数限りなく
輩出されていくことだろう。
（幸福の科学学園関西校 創立記念碑より）

幸福の科学学園 創立者
大川隆法

滋賀県大津市、美しい琵琶湖の西岸に建つ幸福の科学学園（関西校）は、男女共学、通学も入寮も可能な中学校・高等学校です。発展・繁栄を校風とし、宗教教育や企業家教育を通して、学力と企業家精神、徳力を備えた、未来の世界に責任を持つ「世界のリーダー」を輩出することを目指しています。

幸福の科学学園・教育の特色

「徳ある英才」の創造

教科「宗教」で真理を学び、行事や部活動、寮を含めた学校生活全体で実修して、ノーブレス・オブリージ(高貴なる義務)を果たす「徳ある英才」を育てていきます。

体育祭

一人ひとりの進度に合わせた「きめ細やかな進学指導」

熱意溢れる上質の授業をベースに、一人ひとりの強みと弱みを分析して対策を立てます。強みを伸ばす「特別講習」や、弱点を分かるところまでさかのぼって克服する「補講」や「個別指導」で、第一志望に合格する進学指導を実現します。

授業の様子

天分を伸ばす「創造性教育」

教科「探究創造」で、偉人学習に力を入れると共に、日本文化や国際コミュニケーションなどの教養教育を施すことで、各自が自分の使命・理想像を発見できるよう導きます。さらに高大連携教育で、知識のみならず、知識の応用能力も磨き、企業家精神も養成します。芸術面にも力を入れます。

探究創造科発表会

自立心と友情を育てる「寮制」

寮は、真なる自立を促し、信じ合える仲間をつくる場です。親元を離れ、団体生活を送ることで、縦・横の関係を学び、力強い自立心と友情、社会性を養います。

毎朝夕のお祈りの時間

幸福の科学学園の進学指導

1 英数先行型授業

受験に大切な英語と数学を特に重視。「わかる」（解法理解）まで教え、「できる」（解法応用）、「点がとれる」（スピード訓練）まで繰り返し演習しながら、高校三年間の内容を高校二年までにマスター。高校二年からの文理別科目も余裕で仕上げられる効率的学習設計です。

2 習熟度別授業

英語・数学は、中学一年から習熟度別クラス編成による授業を実施。生徒のレベルに応じてきめ細やかに指導します。各教科ごとに作成された学習計画と、合格までのロードマップに基づいて、大学受験に向けた学力強化を図ります。

3 基礎力強化の補講と個別指導

基礎レベルの強化が必要な生徒には、放課後や夕食後の時間に、英数中心の補講を実施。特に数学においては、授業の中で行われる確認テストで合格に満たない場合は、できるまで徹底した補講を行います。さらに、カフェテリアなどでの質疑対応の形で個別指導も行います。

4 特別講習

夏期・冬期の休業中には、中学一年から高校二年まで、特別講習を実施。中学生は国・数・英の三教科を中心に、高校一年からは五教科でそれぞれ実力別に分けた講座を開講し、実力養成を図ります。高校二年からは、春期講習会も実施し、大学受験に向けて、より強化します。

5 幸福の科学大学（仮称・設置認可申請中）への進学

二〇一五年四月開学予定の幸福の科学大学への進学を目指す生徒を対象に、推薦制度を設ける予定です。留学用英語や専門基礎の先取りなど、社会で役立つ学問の基礎を指導します。

授業の様子

詳しい内容、パンフレット、募集要項のお申し込みは下記まで。

幸福の科学学園 関西中学校・高等学校

〒520-0248
滋賀県大津市仰木の里東2-16-1
TEL.077-573-7774
FAX.077-573-7775
[公式サイト]
www.kansai.happy-science.ac.jp
[お問い合わせ]
info-kansai@happy-science.ac.jp

幸福の科学学園 中学校・高等学校

〒329-3434
栃木県那須郡那須町梁瀬 487-1
TEL.0287-75-7777
FAX.0287-75-7779
[公式サイト]
www.happy-science.ac.jp
[お問い合わせ]
info-js@happy-science.ac.jp

幸福の科学グループの教育事業

仏法真理塾

サクセスNo.1

未来の菩薩を育て、仏国土ユートピアを目指す！

仏法真理塾「サクセスNo.1」とは

宗教法人幸福の科学による信仰教育の機関です。信仰教育・徳育にウエイトを置きつつ、将来、社会人として活躍するための学力養成にも力を注いでいます。

サクセスNo.1 東京本校（戸越精舎内）

「サクセス№1」のねらいには、「仏法真理と子どもの教育面での成長とを一体化させる」ということが根本にあるのです。

大川隆法総裁　御法話「『サクセス№1』の精神」より

仏法真理塾「サクセスNo.1」の教育について

信仰教育が育む健全な心

御法話拝聴や祈願、経典の学習会などを通して、仏の子としての「正しい心」を学びます。

学業修行で学力を伸ばす

忍耐力や集中力、克己心を磨き、努力によって道を拓く喜びを体得します。

法友との交流で友情を築く

塾生同士の交流も活発です。お互いに信仰の価値観を共有するなかで、深い友情が育まれます。

●サクセスNo.1は全国に、本校・拠点・支部校を展開しています。

東京本校	TEL.03-5750-0747	FAX.03-5750-0737
名古屋本校	TEL.052-930-6389	FAX.052-930-6390
大阪本校	TEL.06-6271-7787	FAX.06-6271-7831
京滋本校	TEL.075-694-1777	FAX.075-661-8864
神戸本校	TEL.078-381-6227	FAX.078-381-6228
西東京本校	TEL.042-643-0722	FAX.042-643-0723
札幌本校	TEL.011-768-7734	FAX.011-768-7738
福岡本校	TEL.092-732-7200	FAX.092-732-7110
宇都宮本校	TEL.028-611-4780	FAX.028-611-4781
高松本校	TEL.087-811-2775	FAX.087-821-9177
沖縄本校	TEL.098-917-0472	FAX.098-917-0473
広島拠点	TEL.090-4913-7771	FAX.082-533-7733
岡山本校	TEL.086-207-2070	FAX.086-207-2033
北陸拠点	TEL.080-3460-3754	FAX.076-464-1341
大宮本校	TEL.048-778-9047	FAX.048-778-9047
仙台拠点	TEL.090-9808-3061	FAX.022-781-5534
熊本拠点	TEL.080-9658-8012	FAX.096-213-4747

全国支部校のお問い合わせは、サクセスNo.1東京本校（TEL. 03-5750-0747）まで。

メール info@success.irh.jp

エンゼルプランV

信仰教育をベースに、知育や創造活動も行っています。

信仰に基づいて、幼児の心を豊かに育む情操教育を行っています。また、知育や創造活動を通して、ひとりひとりの子どもの個性を大切に伸ばします。お母さんたちの心の交流の場ともなっています。

TEL 03-5750-0757　FAX 03-5750-0767
メール angel-plan-v@kofuku-no-kagaku.or.jp

ネバー・マインド

不登校の子どもたちを支援するスクール。

「ネバー・マインド」とは、幸福の科学グループの不登校児支援スクールです。「信仰教育」と「学業支援」「体力増強」を柱に、合宿をはじめとするさまざまなプログラムで、再登校へのチャレンジと、進路先の受験対策指導、生活リズムの改善、心の通う仲間づくりを応援します。

TEL 03-5750-1741　FAX 03-5750-0734
メール nevermind@happy-science.org

ユー・アー・エンゼル!(あなたは天使!)運動

障害児の不安や悩みに取り組み、ご両親を励まし、勇気づける、障害児支援のボランティア運動です。学生や経験豊富なボランティアを中心に、全国各地で、障害児向けの信仰教育を行っています。保護者向けには、交流会や、医療者・特別支援教育者による勉強会、メール相談を行っています。

TEL 03-5750-1741　FAX 03-5750-0734
メール you-are-angel@happy-science.org

シニア・プラン21

生涯反省で人生を再生・新生し、希望に満ちた生涯現役人生を生きる仏法真理道場です。週1回、開催される研修には、年齢を問わず、多くの方が参加しています。現在、全国8カ所(東京、名古屋、大阪、福岡、新潟、仙台、札幌、千葉)で開校中です。

東京校 TEL 03-6384-0778　FAX 03-6384-0779
メール senior-plan@kofuku-no-kagaku.or.jp

入会のご案内

あなたも、幸福の科学に集い、ほんとうの幸福を見つけてみませんか？

幸福の科学では、大川隆法総裁が説く仏法真理をもとに、「どうすれば幸福になれるのか、また、他の人を幸福にできるのか」を学び、実践しています。

入会

大川隆法総裁の教えを信じ、学ぼうとする方なら、どなたでも入会できます。入会された方には、『入会版「正心法語」』が授与されます。（入会の奉納は1,000円目安です）

ネットでも**入会**できます。詳しくは、下記URLへ。
happy-science.jp/joinus

三帰誓願（さんきせいがん）

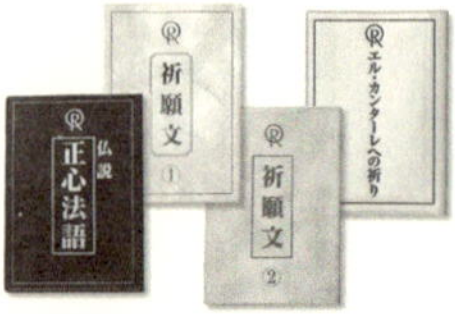

仏弟子としてさらに信仰を深めたい方は、仏・法・僧の三宝への帰依を誓う「三帰誓願式」を受けることができます。三帰誓願者には、『仏説・正心法語』『祈願文①』『祈願文②』『エル・カンターレへの祈り』が授与されます。

植福（しょくふく）の会

植福は、ユートピア建設のために、自分の富を差し出す尊い布施の行為です。布施の機会として、毎月1口1,000円からお申込みいただける、「植福の会」がございます。

「植福の会」に参加された方のうちご希望の方には、幸福の科学の小冊子（毎月1回）をお送りいたします。詳しくは、下記の電話番号までお問い合わせください。

月刊「幸福の科学」

ザ・伝道

ヤング・ブッダ

ヘルメス・エンゼルズ

INFORMATION
幸福の科学サービスセンター
TEL. 03-5793-1727（受付時間 火～金：10～20時／土・日：10～18時）
宗教法人 幸福の科学 公式サイト happy-science.jp